本书获全国教育科学"十三五"规划教育部重点课题"终身运动参与视角下3—6岁幼儿基本动作技能发展评价研究"（课题批准号：DLA160287）；2023年上海市教育委员会本级财政项目"小学兴趣化、初中多样化体育与健康课程改革及师资队伍建设"（项目编号：117-AC9103-23-039）资助

学前儿童
基本运动技能发展评价

马瑞　薛原　著

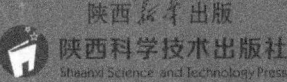

陕西科学技术出版社
Shaanxi Science and Technology Press

图书在版编目（CIP）数据

学前儿童基本运动技能发展评价 / 马瑞，薛原著
. — 西安：陕西科学技术出版社，2024.6
ISBN 978-7-5369-8919-1

Ⅰ. ①学… Ⅱ. ①马… ②薛… Ⅲ. ①学前儿童—运动能力—评价 Ⅳ. ① G613.7

中国国家版本馆 CIP 数据核字（2024）第 071423 号

学前儿童基本运动技能发展评价
XUEQIAN ERTONG JIBENYUNDONG JINENG FAZHAN PINGJIA
马　瑞　薛　原　著

责任编辑	侯志艳　党文通
封面设计	申　畅

出 版 者	陕西科学技术出版社 西安市曲江新区登高路 1388 号陕西新华出版传媒产业大厦 B 座 电话（029）81205187　传真（029）81205155　邮编 710061 http://www.snstp.com
发 行 者	陕西科学技术出版社 电话（029）81205180 81205178
印　　刷	广东虎彩云印刷有限公司
规　　格	787mm×1092 mm　16 开本
印　　张	11.5
字　　数	159 千字
版　　次	2024 年 6 月第 1 版 2024 年 6 月第 1 次印刷
书　　号	ISBN 978-7-5369-8919-1
定　　价	68.00 元

版权所有　翻印必究

前　言

　　基本运动技能是幼儿1~7岁期间形成的，对后续青少年阶段及成人时期的运动技能掌握起到关键作用的人体基本动作的协调运用模式，主要包括位移技能、操控技能和稳定性技能三大类。

　　运动技能发展一直是我国学前教育的重要内容，研制与我国学前教育相适应的幼儿基本运动技能评价方法，有助于学前教育教师了解基本运动技能发展对幼儿终身体育学习的重要意义，把握《3—6岁儿童学习与发展指南》中基本运动技能发展的实质，科学评估幼儿运动能力发展状况，开发适宜的幼儿运动内容和运动游戏，从而为幼儿奠定坚实的运动基础，使其在后续基础教育及高等教育阶段的运动学习过程中自信、乐学，从根本上提升我国青少年体育锻炼的主动性。

　　本书以我国《3—6岁儿童学习与发展指南》为起点，基于儿童终身运动参与的视角，制定反映我国学前体育教育目标和我国体育文化、符合我国儿童发展实际的基本运动技能评价方案。

　　本研究遵循了3条逻辑主线：宏观上，以运动技能终身发展山峰理论为视角，回看儿童阶段基本运动技能发展的效用，将儿童基本运动技能评价与我国体育文化背景、大众体育锻炼项目相结合；中观上，基于国际基本运动技能评价发展研究趋势，确定了服务于我国学前教育课程实践的研究主旨与目的；在微观上，以教育评价及经典测量评价理论为框架，研制评价方法，验证评价表的信度、效度和可行性。具体研究内容包括4个部分：①儿童基本运动技能评价的理论分析；②3～6岁幼儿基本运动技能评价方案；③3～6岁幼儿基本运动技能评价方案应用与检验；④3～6岁幼儿基本动作技能评价等级标准。

本研究在评价方案的研制上力求"扎根中国、融通中外、立足时代、面向未来"。扎根中国，紧密围绕我国《3—6岁儿童学习与发展指南》和学前运动教育主旨；融通中外，全面把握国际基本运动技能评价的趋势、汲取国内外研究者的精华；立足时代、面向未来：评价内容不仅服务于当代学前教育的需求，更面向未来儿童终身运动参与的要求。

本研究在评价等级的设计上制定了"金、银、铜、锡牌"为表现形式的百分位切分评价等级、基于年龄量表的评价等级、教育商数评价3种评价标准，具有一定创新性，为幼儿教师根据不同目的对幼儿基本动作技能进行评价提供了多种选择。经验证，研制的评价方法受到测试幼儿的喜爱，具有儿童适宜性，能够使幼儿积极投入地参加测试评价。

需要指出的是，在国际运动技能学习与发展领域，基本运动技能（fundamental motor skill）和基本动作技能（fundamental movement skill）2个名词可以互换，由于我国学前教育的纲领性文件《3—6岁儿童学习与发展指南》对幼儿运动能力发展以"动作发展"为目标，为保持与学前教育实践的一致性，文中多以"基本动作技能"指代"基本运动技能"。

目 录

第一章 导 论 ··· 1

　第一节 前 言 ··· 1

　第二节 研究目的与意义 ····································· 4

　第三节 核心概念与理论基础 ································· 5

　第四节 文献综述 ·· 10

　第五节 研究对象与方法 ···································· 43

　第六节 研究思路与创新点 ·································· 49

第二章 3～6岁幼儿基本动作技能评价表的编制 ················· 52

　第一节 评价目的与指标筛选 ································ 53

　第二节 评价标准的制定 ···································· 71

　第三节 评价表初稿的试用与确定 ···························· 82

第三章 3～6岁幼儿基本动作技能评价表的应用与检验 ··········· 90

　第一节 测试对象与方法 ···································· 90

　第二节 评价表的效度 ······································ 92

第三节　评价表的信度 …………………………………………… 97

   第四节　评价表的难度与区分度 ………………………………… 99

   第五节　幼儿基本动作技能测试表现 …………………………… 101

第四章　3～6岁幼儿基本动作技能评价等级标准 ………………… 110

   第一节　基于百分位数的基本动作技能评价等级 ……………… 111

   第二节　基于教育年龄量表的基本动作技能评价等级 ………… 113

   第三节　基于教育商数的基本动作技能评价等级 ……………… 117

第五章　3～6岁幼儿基本动作技能评价的可行性 ………………… 120

   第一节　契合我国体育文化和学前教育实际情况 ……………… 120

   第二节　动作技能测试项目与实施方案的便捷性 ……………… 122

   第三节　测量方案对幼儿园儿童具有较高适用性 ……………… 124

第六章　结论与反思 ………………………………………………… 127

   第一节　研究结论 ………………………………………………… 127

   第二节　研究局限 ………………………………………………… 128

参考文献 ……………………………………………………………… 129

附　录 ………………………………………………………………… 142

   附录A　幼儿基本动作技能评价访谈提纲 ……………………… 142

   附录B　3～6岁幼儿基本动作技能测试动作筛选专家调查问卷 … 143

   附录C　3～6岁幼儿基本动作技能测试方法筛选问卷

   　　　　（问卷星形式）………………………………………… 147

   附录D　3～6岁幼儿基本动作技能评价操作手册 ……………… 156

第一章 导 论

第一节 前 言

2020年10月,中共中央、国务院印发了《深化新时代教育评价改革总体方案》,强调"提高教育评价的科学性、专业性、客观性,充分发挥教育评价的指挥棒作用,确保教育正确发展方向",引发教育界对各学段、各学科教育评价的讨论与审视。在学校体育领域,有关教育评价特别是学生学习评价,更多围绕小学以上学段学生展开,而对3~6岁学前儿童评价研究鲜有关注。

在3~6岁学前时期,幼儿运动学习的重要内容是发展基本动作技能。基本动作技能(fundamental movement skill)又称基本运动技能(fundamental motor skill),根据国外动作技能的主流观点,基本动作技能包括3大类:位移技能、操控技能、稳定性技能。位移技能指儿童逐步发掘自身机体能力以便在空间移动和探索的动作,包括跑、跳、单脚跳、双脚跳等动作形式;操控技能指借助操作物体进行动作的技能群,主要围绕球类技能,包括"抛、接、踢、拍、击;稳定性技能指儿童控制肌肉组织对抗重力的能力[①]。这些单个动作不仅是人体基本活动形式,更是各类竞技运动项目技术的基本要素

---

① Goodway J D, Ozmun J C, Gallahue D L. Understanding Motor Development——Infants, Childern, Adolescents Adults (Eight Edition) [M]. Burlington, MA: Jones & Bartlett Learning, 2012.

构成，儿童时期如果没有掌握这些基本动作技能，将影响后续青少年时期综合运动能力形成和复杂专项运动技术学习。反之，良好的基本动作技能基础，使幼儿具备了学习运动技术的基础能力，有助于增加运动自信，提升自主体育锻炼意愿，促进终身运动参与。2020年国家颁布的《关于全面加强和改进新时代学校体育工作的意见》中特别提出："学校体育教学改革的核心是要实现教会学生健康知识、基本动作技能和专项动作技能"，再次强调了基本动作技能在我国学校体育中的地位。

2012年，我国教育部颁布了《3—6岁儿童学习与发展指南》（以下简称《指南》），首次将"动作技能"作为健康领域的一部分，列入学前儿童学习的内容，实现了我国学前运动教育跨越式发展。《指南》指出，在动作发展方面，幼儿应"具有一定的平衡能力，动作协调、灵敏"，并提出了针对各年龄段的具体目标，涉及"走、跑、跳、攀、爬、躲闪、抛接球、拍球"等基本动作技能，其本质就是要求学前教育发展幼儿各种基本动作的协调运用能力。随着一线幼儿园教师理解《指南》、执行《指南》的深入，基本动作技能已经进入了幼儿园的活动，如何科学切实地评价学前儿童基本动作技能的发展水平，找到儿童运动能力的最佳发展区，并以此制定相应的游戏及活动计划，是当前学前运动教育和幼儿教师特别希望得到的支持。

基本动作技能评价研究在国外受到研究者的广泛关注。自1962—2024年Johnson[1]制定了首个针对小学1～6年级儿童基本动作技能的测试方案以来，世界各国的研究者至少研制了30余个针对3～12岁儿童基本动作技能测试方案，其中一些现已成为国际主流的儿童动作技能测评方法。近5年，各国研究者开始重视本国3～6岁学前儿童基本动作技能和运动能力的测评方案的研制，其原因在于：第一，越来越多的研究证实，不同

---

[1] Johnson R D. Measurements of achievement in fundamental skills of elementary school children [J]. Research Quarterly, 1962, 33: 94–103.

文化背景儿童具有基本动作技能表现的差异①；第二，研制者更希望缩小受试者年龄的跨度，以增加区分与受试者年龄相关的运动能力变化的敏感性②。这些测试工具的研制显示出一个趋势，即研究者越来越关注测试工具对学前教师使用的友好性，力求简单、易行，与此同时研究者们也追求测试工具与学前教育的内容及教师教育结构相适应。

在我国，最早涉及儿童动作技能发展的测试是1994年张厚粲等人编制的《中国儿童发育量表（3—6岁）》，其中曾涉及运动评价内容，内容包括单脚站立、立定跳远、左跳右跳、蹲站、快捡小豆。但有专家认为这些测试并不是专门的动作发展测试量表③，且测试内容已不能满足当前《指南》的教育要求。目前一些幼儿园采用《国民体质测定标准（幼儿部分）》作为儿童运动能力发展评价依据，其中有些幼儿体育活动能力的测试及评价项目存在成人化倾向，且未能达到《指南》的分年龄段学习和幼儿动作发展要求④。2015年郭晨尝试将国外儿童动作技能发展评价项目进行筛选、测试，以探寻适合我国学前儿童粗大动作发展的评价量表，取得了可喜的成果⑤⑥，但涉及的基本动作未完全覆盖我国《3—6岁儿童学习与发展指南》

---

① Barnett L M, Telford R M, Strugnell C, et al. Impact of cultural background on fundamental movement skill and its correlates [J]. Journal of Sports Sciences, 2019, 37（5）：492-499.

② Williams H G, Pfeiffer K A, Dowda M, et al. A Field-Based Testing Protocol for Assessing Gross Motor Skills in Preschool Children：The Children's Activity and Movement in Preschool Study Motor Skills Protocol [J]. Measurement in Physical Education and Exercise Science, 2009, 13（3）：151-165.

③ 吴升扣，姜桂萍. 儿童早期动作发展测量的研究进展 [J]. 北京体育大学学报，2014，37（4）：81-87.

④ 庄弼，任绮，李孟宁，等. 幼儿体育活动及其内容体系的思考 [J]. 体育学刊，2015，22（6）：64-70.

⑤ 刘志宇. 临汾市3~6岁幼儿基本动作技能评价及发展策略 [D]. 太原：山西师范大学，2019.

⑥ 郭晨. 学龄前儿童粗大动作发展评价量表的研制 [D]. 北京：北京体育大学，2017.

健康领域涉及的动作技能种类。因此，学前教育急需与《指南》相适应的、符合学前运动教育实际的基本动作技能评价方法，为学前运动教育提供教育反馈的支撑。

与其他学段相比，学前教育更加强调幼儿的发展性，以"为幼儿后继学习和终身发展奠定良好素质基础"为目标，《指南》的精神也反映了这一主旨。从发展的角度，幼儿基本动作技能的学练指向的是终身运动参与，对3～6岁幼儿基本动作技能评价的研究非常有必要从终身运动参与的视角来回望基本动作技能的发展和评价内容的选择。

为此，本研究以我国《3—6岁儿童学习与发展指南》为起点，基于儿童终身运动参与的视角，制定能够反映我国学前体育教育目标和我国体育文化、符合我国儿童发展实际的基本动作技能评价方案，以期为我国学前运动教育的发展提供支持。在国际上，基本运动技能（fundamental motor skill）和基本动作技能（fundamental movement skill）两个专有名词可以互换，由于我国学前教育的纲领性文件《3—6岁儿童学习与发展指南》对幼儿运动能力发展以"动作发展"为目标，为保持与学前教育实践的一致性，本研究采用"基本动作技能"作为研究的主题词。

第二节 研究目的与意义

一、研究目的

本研究旨在以我国学前教育幼儿运动领域发展目标为基础，研制与我国学前教育相关标准相适应的，扎根中国、融通中外、立足时代、面向未来的3～6岁幼儿基本动作技能评价方案；制定评价标准，验证评价方案的科学性、有效性、适用性，为学前教育健康领域的运动与动作发展实践提供支撑。

二、研究意义

（一）理论意义

对国内外基本动作技能评价和儿童基本动作技能发展特征、对儿童终身运动参与的影响的系统梳理，有助于学校体育和学前教育更好地理解基本动作技能对儿童成长发展的作用，了解基本动作技能的发展脉络，为国内研究者研制更多高水平的儿童运动能力评价提供参考。

（二）实践意义

研制具有评价、指导功能的3~6岁幼儿基本动作技能发展评价方案，有助于学前教育教师有效地评估3~6岁幼儿动作技能的发展水平，确定幼儿动作技能最近发展方向，设计相应运动游戏与教学活动，为学前教师的运动课程设计与教学提供支撑。

第三节　核心概念与理论基础

一、核心概念

（一）基本动作技能

对于"基本动作技能"概念的界定，国内外学者意见不一。本研究认为，最准确的界定应参考权威著作的相关论述。动作科学领域的知名学者

Goodway、Ozmun、Gallahue 合著的《理解运动发展——婴儿、儿童、青少年、成人》是人类动作技能发展理论的重要著作，已出版至第 8 版，被美国体育教育与健康协会推荐为体育教育从业者的必读书目。

在最新版著作中，作者根据动作技能发展阶段模型指出，儿童在掌握反射性技能和初步技能后，开始进入基本动作模式阶段：表现为在穿越特定空间时探索肢体和身体的潜力（位移的）、在对抗重力时增加对肌肉的控制（稳定的）、逐步增加控制物体的精准度（操控的）。为此，Goodway 等 3 位学者将儿童早期的基本动作技能界定为"可观察的运动行为模式"，由跑、跳等基础的位移活动，抛、接等操控性活动以及单脚支撑平衡和走平衡梁等稳定性活动构成，包括初始、显现、熟练 3 个发展阶段[①]。Goodway 等人对"基本动作技能"的这一界定表达出 2 层含义：一是横向关系上，基本动作技能包括 3 类动作：位移动作、操控动作、稳定性动作。二是纵向发展上，基本动作技能的发展要经历初始、显现、熟练 3 个阶段。

关于位移、操控、稳定 3 类动作技能的定义，位移动作技能是指运用各种不同的动作模式，使身体在一定空间范围内从一个地点移动到另一地点的动作技能；操控动作技能是指儿童操作一定物体以完成运动的动作模式，包括抛、接、踢、拍、击和滚动物体[②]；稳定性动作原本有狭义和广义 2 个层面的含义：从广义上讲，稳定性动作指所有需要一定平衡和姿势控制的动作；从狭义上讲，是指非移动、非操控，或不能归类到位移或操

---

① Goodway J D, Ozmun J C, Gallahue D L. Understanding Motor Development——Infants, Childern, Adolescents Adults（Eight Edition）[M]. Burlington, MA: Jones & Bartlett Learning, 2012: 409.

② Goodway J D, Ozmun J C, Gallahue D L. Understanding Motor Development——Infants, Childern, Adolescents Adults（Eight Edition）[M]. Burlington, MA: Jones & Bartlett Learning, 2012: 410.

控动作类别中的动作，如弯、转、推、拉等[①]。表 1-1 展示了 Goodway 等人对儿童时期发展的基本动作技能的梳理，从中可以看出位移动作、操控动作和稳定性技能所包含的具体动作。

表 1-1　儿童时期发展的基本动作技能[②]

位移动作	操控技能动作	稳定性动作
基础动作（一个要素）： 走、跑、跨跳、双脚跳、单脚跳 组合动作（两个要素以上）： 小马跳、侧向滑步、跑跳步	击出动作： 投、踢、击、拍、滚 接收动作： 接、捧	轴向动作： 弯、伸、转、翻、荡 静态和动态姿势： 滚、起动和停止、躲闪、平衡、倒立

（二）评价

根据《辞典（修订版）》，评估人、事、物的优劣、善恶美丑或合不合理，称为"评价"。当"评价"一词特别用于学校教育领域或课堂教学情境时，"评价"是"教育评价"一词的简称[③]。在教育学领域，国内外很多学者从不同角度对"评价"做出了诠释。其中，布卢姆（B. S. Bloom）的界定更多基于教学评价和学生学习评价，他在《教育评价》一书中指出："评价是为了某个目的而进行的，对各种想法、作品、解答、方法、资料等的价值做出判断的活动，评价涉及应用准则和规格来估量各种具体事物的准确性、有效性、经济性和令人满意的程度。"黄光扬在《教育测量与评价》一书中综合了国内外学者对"评价"在教育

---

① Goodway J D, Ozmun J C, Gallahue D L. Understanding Motor Development——Infants, Childern, Adolescents Adults（Eight Edition）[M]. Burlington, MA: Jones & Bartlett Learning, 2012: 48.

② Goodway J D, Ozmun J C, Gallahue D L. Understanding Motor Development——Infants, Childern, Adolescents Adults（Eight Edition）[M]. Burlington, MA: Jones & Bartlett Learning, 2012: 316.

③ 黄光扬. 教育测量与评价[M]. 2版. 上海：华东师范大学出版社，2012：5.

活动情境下的解释，将教育评价界定为：按照一定的价值标准和教育目标，利用测量和非测量的多种系统方法收集资料信息，对学生的发展变化及其影响学生发展变化的各种要素进行价值分析和价值判断，并为教育决策提供依据的过程[①]。

（三）基本动作技能评价

根据对"基本动作技能"和"评价"的界定，本书中的"基本动作技能评价"是指根据一定的价值标准和教育目标，采用测量的方法系统收集资料信息，对儿童基本动作技能的发展变化进行价值分析和价值判断，为教育决策提供依据。其中，基本动作技能包括"位移动作技能""操控动作技能"和"稳定动作技能"3类。

二、理论基础

（一）动作技能发展山峰理论

动作技能发展是一个跨越整个生命周期的复杂过程。关于动作技能发展的过程，国外有一些理论模型受到广泛认可，其中动作技能发展山峰理论（the mountain of motor development）是比较有代表性的模型之一。该理论由美国学者Clark和Metcalfe（2002）提出，以山峰为隐喻，描述终身动作技能发展的规律。根据该理论，儿童在1~7岁时进入动作技能发展的关键阶段：基本动作模式期，开始发展走、跑等位移动作和抛、接、击、打等操控动作技能，为后续专项动作技能学习和身体活动奠定基础。这些基本动作技能的获得对终身动作技能发展至关重要，是终身动作技能发展

---

① 黄光扬. 教育测量与评价[M]. 2版. 上海：华东师范大学出版社，2012：6.

的"大本营",且不会随儿童生长发育自动出现,必须经过充分的练习和传授才能获得。

该理论对本研究的支撑主要体现在以下2个方面:①儿童基本动作技能的发展更多受教育的影响,对儿童进行基本动作技能的评价,实质上是对儿童动作经验累积结果的评价;②儿童基本动作技能的发展与后续体育活动参与密切相关,儿童基本动作技能发展指向了未来终身运动参与。以上2点构成了本研究的逻辑起点。

(二)经典测量理论

经典测量理论为本研究确定了评价方案研究的理论框架。经典测量理论(classical test theory,CTT)又称"真分数理论",是以真分数理论为核心理论假设的测量理论和方法体系。经典测量理论提出了3个假设:真分数具有不变性、误差是完全随机的、观测分数是真分数与误差分数之和。基于以上3个假设,经典测量理论构建了其理论大厦,主要包括信度、效度、项目分析、常模和标准化等概念[①]。

(1)信度:经典测量理论基于平行测验的思想,提出了一系列估计测验信度的方法,包括重测信度、复本信度、分半信度等,提出同质性概念以保证反应的一致性,如克隆巴赫系数、荷伊特信度。

(2)效度:对效度问题提出诸多解决方案,如同时效度、预测效度、表面效度、相容效度、协同效度、假设效度、效标关联效度、实证效度、经验效度等。为了规范效度问题的研究与解释,美国心理学会于1974年将测量效度分为3大量度:内容效度、结构效度、效标关联效度。内容效度指测验的内容对预测范围内容的代表性程度;结构效度指测量结果与测

---

① 孙晓敏,关丹丹. 经典测量理论与项目反应理论的比较研究[J]. 中国考试(研究版),2009(9):10-17.

验的理论假设之间的一致性程度;效标关联效度指测量结果与某种外在效标之间的相关系数。

（3）常模:经典测量理论认为,仅从测验试卷上的得分不能获得被试个体确切地位的信息。为了对测验的分数进行合理的解释,提出常模的概念。所谓常模即是从某一总体中抽取的被试样本在该测验上得分的分布,以常模团体的平均数（或中位数）为参照点,将个体的分数标定在高或低于参照点的某一位置以确定该被试个体在团体中的相对地位。这种标定可以通过原始分数转换成量表分（或称导出分数）。经典测量理论将这种类型的测验称为常模参照测验,与此相对应的称为标准参照测验,其测验分数的解释与转换方法有所不同。

（4）标准化:对测验实施程序、对象范围、施测环节、测试方式、测试时限、分数解释做了统一规定,使测验能够在异时、异地、不同主试等条件下进行,并能得到同等有效的测验结果。

第四节　文献综述

一、基本动作技能评价研究的历史脉络

（一）儿童基本动作技能发展评价的阶段分期

1. 基本动作技能评价形成期（1975—1999年）

基本动作技能最初出现在大众视野仅作为动作分类名词。1924年,美国体育教育协会运动能力委员会率先提出"6~24岁人群基本大肌肉动

作技能（fundamental big muscle motor skill）测试"[1]。1939 年，美国学者 Gutteridge 针对 2～6 岁儿童开发了包括单脚跳、跑跳步、小马跳、双脚跳、爬、侧滑步、自行车、拍、投、接共 10 个动作的定性评价量表；1962 年，Johnson 研制了以小学生为评价对象的基本动作技能定量测试包，其包括了跑、跳、掷、接、踢、持球拍击打等动作[2]。这是目前资料显示的 2 个最早的儿童基本动作技能评价工具，但在当时主流研究围绕身体形态、体能水平和专项动作技能进行运动能力评价的大环境下，这些成果并未得到特别的关注和充分的发展。

1975 年是一个标志性的年份。根据美国学者 Burton 的观点，从这一年起，儿童运动能力发展评价工具出现快速增长，包括基本动作技能评价工具。1975—1999 年美国至少研制了 15 种涉及儿童基本动作技能的评价工具（见表 1-2）。除此之外，还有一些重要的非英语国家测评工具也在这一时期研发，例如德国的 KTK（1974 年）和 MOT 4-6（1987 年）等。这些工具自研发后被广泛运用，部分测评工具的修订版至今还在被不同程度地使用。

表 1-2　1970—1990 年基本动作技能评价工具一览表

序号	评价工具	研制年份	年龄范围/岁	内容	测试时间
1	BOT	1978	4.5-14.5	跑、平衡、双侧肢体协调、上肢协调、手眼控制、反应速度、力量	L: 45-60min S: 15-20min

---

[1] Burton A W. Movement Skill Assessment [M]. Champaign, IL: Human Kinetics, 1998: 333-353.

[2] Robert D, Johnson R Q. Measurements of Achievement in Fundamental Skills of Elementary School Children [J]. American Association for Health, Physical Education and Recreation, 1962, 33 (1): 94-103.

表 1-2（续）

序号	评价工具	研制年份	年龄范围/岁	内容	测试时间
2	Projest ACTIVE Motor Ability Tests	1978	4–9	位移技能、静态和动态平衡等20个项目	30min
3	BMAT-R	1979	4–12	投掷、柔韧性、立定跳远、起跳、静态平衡等11个动作	15–20min
4	SIGMA	1979	2.5–14	走、向上爬、跑、跳、单脚跳、跑跳步、爬梯子、投、接、侧击、踢	未报告
5	BGMA	1981	5.5–12.5	平衡、跳、跑跳步、单脚跳、扔、传球	未报告
6	VAB	1982	0–6		1h
7	PDMS	1983	0–6.11	12项任务涵盖5个技能方面：反射、平衡、非位移、位移、接和投掷	U：20–30min T：45–60min
8	BDI（1）	1984	0–8	位移动作技能	10–30min
9	TGMD	1985	3–10	6个位移动作、6个操控动作	15–20min
10	Motor Skill Inventory	1988	2–12	5个身体管理任务、7个位移动作、6个体适能、7个操控动作、5个精细动作	未报告
11	APEAS	1989	5–12	位移技能、操控技能、姿势、耐力、平衡、腹部力量、视觉控制	20min
12	DenverII	1990	0–6	32个项目大肌肉技能任务	15–30min
13	BDI（2）	1991	0–7	大肌肉动作技能	未报告
14	MABC-Test	1992	4–6 7–9 10–12	3个手部灵敏任务、2个球类动作、3个平衡动作	20–40min

注：L：标准量表；S：简化量表；T：全部测试；U：分量表测试；h：小时；min：分钟。

这一时期研发的测试工具的特点是：① 评估工具目的指向儿童动作发育滞后筛查。根据使用者的不同，评估工具的评价目的也各不相同。根据这一时期评价工具的自述目标，除了 APEAS 和 Motor Skill Inventory 2 个评价工具是为了在体育教学过程中监控儿童的进步、评估教学计划的有效性之外，其他评估工具都指向鉴别出可能出现动作发展滞后的儿童，以便进行干预。因此，测评工具的预期使用人群为具备一定儿童发展与康复干预知识背景的专业人士。②评估所需时间较长。动作发育滞后筛查的评价目标决定了评价的内容必须全面而综合，由表1-2可见，这些评价工具涉及的基本动作较多、较全面，并且部分工具还涉及了双侧肢体协调、上肢协调、手眼控制、反应速度、柔韧、力量、耐力、视觉控制等多种能力。内容的丰富造成了单个儿童测试所需时间较长，所有测评工具所需时间由15分钟至60分钟不等。③评估对象年龄跨度较大。除了MOT 4-6专门针对4～6岁儿童，MABC-Test按4～6岁、7～10岁和11～16岁3个年龄组提供不同测试内容外，其他工具适用的年龄跨越了多个儿童发展阶段，最小的年龄跨度为5岁，最大的年龄跨度为12岁。

2. 主流测评工具应用审视期（2000—2010年）

这一时期并未产生影响力较大的新评价工具，而是进入已有测评工具的广泛应用阶段。在实际应用中，这些工具不仅成为临床儿科医生、儿童保健康复师、儿童发展专家使用的筛查工具，也逐渐成为科学研究工具。研究者运用这些工具评价儿童动作技能发展水平以及与运动参与、体质健康、认知发展、学业水平的关系。其中部分工具被翻译成多国语言，被不同民族、不同国家、不同文化背景的研究者广泛应用，成为国际主流测评工具，包括BOT、MABC-Test、PDMS、TGMD、MOT 4-6、KTK等。广泛的应用性使各国学者有机会重新审视这些主流评价工具，一方面，原研发者在这一时期完成了对原有测评工具的再审视以及第二版的修订工作，例如PDMS 2（2000年）、TGMD-2（2000年），BOT-2（2005年）、MABCTest-2（2007年）均在这一时间修订出版。另一方面，各国的研究者开始就国际主流评价工具进行比较与思考，包括以下3个主题：

（1）不同测评工具一致性的比较。包括对多种主流工具的横向比较，或是对看似同质的2种评价方法的对比，试图通过测评内容、结构、信效度、常模构成、使用环境、测试对象适用性等参数对比，确定最佳评价工具。结果表明，各种评价工具各有优缺点，有些测量工具虽有相似的内容结构，但对运动障碍儿童识别的一致性较差[1]，在反映儿童运动能力上各有侧重，不可互换[2]。因此，研究者建议，应深入地审视工具，根据评估或研究目的，选择最适当的评价工具。

（2）过程导向与结果导向测评工具间的比较。动作是了解动作技能发展过程的"窗口"，包括2种观察方式：对动作过程的观察和对动作结果的观察。据此，基本动作技能评价也有2种范式："结果导向"与"过程导向"。"结果导向"倾向于对儿童动作表现性结果进行考查，如儿童能把球投掷得多远、多快，代表性的工具包括BOT、MABC-Test；"过程导向"则强调儿童在执行"投掷"这个动作过程中，对身体各环节的位置关系进行定性评价，以获得儿童动作发展的序列特征，其优势在于能够准确识别可能需要改进的特定动作环节，代表性的工具为TGMD。研究者对上述这2种取向评价工具的一致性进行验证，证明了"过程导向"与"结果导向"评价工具之间存在一定关联，评估得分呈低到中度相关，但由于2种取向的评价工具对儿童动作技能考查的侧重点不同，研究者建议同时使用这2种评价策略，以便更全面地评估儿童的运动能力。

（3）评价工具的文化适应性。研究者使用同一评价工具，对不同国家、

---

[1] Cools W, De Martelaer K, Vandaele B, et al. Assessment of Movement Skill Performance in Preschool Children: Convergent validity between MOT 4-6 and M-ABC [J]. Journal of Sports Science and Medicine, 2010（9）：597-604.

[2] Van Waelvelde H, Peersman W, Lenoir M, et al. Convergent Validity Between Two Motor Tests: Movement-ABC and PDMS-2 [J]. Adapted Physical Activity Quarterly, 2007, 24（1）：59-69.

不同族裔的儿童进行测试对比[1][2]，以求证同一评价工具在不同文化背景下使用的稳定性，内容涉及特定测评工具在不同国家儿童间的得分差异，以及同一国家不同族裔间的得分差异等。研究结果表明，儿童基本动作技能水平存在显著的跨文化差异，儿童的动作技能水平可能具有民族性，在非常模群体的国家使用某测评工具时，如果简单对照常模数据评估儿童个体，可能会出现"虚假"的优势或延迟，从而产生关于儿童动作技能发展的错误结论。因此，评估工具在常模人群以外的国家使用时，需要对某些项目进行调整[3]。特别是对疑似动作发育滞后的儿童，需要谨慎下结论，建议进一步检查每个国家不同种族群体的儿童在神经运动发育方面的相似性和差异性，以准确界定动作技能发育延迟的儿童[4]。

当前这一时期可谓是基本动作技能评价的承上启下阶段，研究者回顾并审视了现有的基本动作技能评价工具，通过比较，发现各评价工具的优势及短板，这些成果和观点作为宝贵的财富为后续"教育融合"测评工具的研发提供了起点。尽管在这一时期，基本动作技能评价工具仍作为筛查动作发育滞后儿童的手段，但一些学者已经开始从体育教育情境的角度思

---

[1] Chow S M K, Yung-Wen H, Henderson S E, et al. The Movement ABC: A Crosscultural Comparison of Preschool Children from Hong Kong, Taiwan, and the USA [J]. Adapted Physical Activity Quarterly, 2006, 23: 31-48.

[2] Livesey D, Cdeman R, Piek J. Performance on the Movement Assessment Battery for Children by Australian 3- to 5-year-old children [J]. Child Care, Health and Development, 2007, 33 (6): 713-719.

[3] Sigmundsson H, Rostofe M S. Motor Development: Exploring the Motor Competence of 4-year-old Norwegian Children [J]. Scandinavian Journal of Educational Research, 2003, 47 (4): 451-459.

[4] Mayson T A, Harris S R, Bachman C L. Gross Motor Development of Asian and European Children on Four Motor Assessments: A Literature Review [J]. Pediatric Physical Therapy, 2007, 19 (2): 148-153.

考基本动作技能评价的应用[1][2][3]。

3. 测评工具与体育教育融合期（2011年至今）

这一时期，很多国家开始研发适用于学校体育实际的基本动作技能评价方法，儿童基本动作技能评价进入体育教育融合期。

新评价方法不断涌现的原因在于：一方面，越来越多的教育者和研究者意识到，几十年前儿童在户外玩耍便可以获得足够的动作技能发展，但现在更多要依赖学校，体育教育在儿童粗大动作技能发展上扮演着越来越重要的角色[4]。对儿童基本动作技能评价的监测，体育教师是第一责任人，学校要求体育教师对学生进行基本动作技能发展的监控。但另一方面，现有的儿童动作技能评价很难应用于体育教育实践情境，其难点包括：在教师资质方面，很多评估工具的标准与操作复杂，需要复杂的培训和熟练过程，体育教师缺乏相关知识与培训；在时间管理上，主流测试工具较为费时，每次只能测试一位儿童，每位儿童需花费20～60分钟，一些"过程导向"的评价工具还要求对儿童进行动作录像分析。而体育课学生人数多，上课时间有限，教师在课外完成评价又精力不足，无法完成测试操作；在环境条件上，很多测试方法需要特殊的器材工具，并要求在封闭或受控的环境

---

[1] Cools W, De Martelaer K, Samaey C, et al. Movement Skill Assessment of Typically Developing Preschool Children: A Review of Seven Movement Skill Assessment Tools [J]. Journal of Sports Science and Medicine, 2009, 8（2）：154-168.

[2] Cools W, De Martelaer K, Samaey C, et al. Movement Skill Assessment of Typically Developing Preschool Children: A Review of Seven Movement Skill Assessment Tools [J]. Journal of Sports Science and Medicine, 2009, 8（2）：154-168.

[3] Olrich T W. Assessing Fundamental Motor Skills in the Elementary School Setting: Issues and solutions [J]. Journal of Physical Education, Recreation & Dance, 2002, 73（7）：26-28.

[4] Van Kernebeek W G, De Kroon M L A, Savelsbergh G J P, et al. The Validity of the 4-Skills Scan A double-validation Study [J]. Scandinavian Journal of Medicine & Science in Sports, 2018, 28（11）：2349-2357.

中进行，以防儿童注意力转移影响评价结果，但体育教学实地环境较为嘈杂，无法达到这一标准；在与课程结合上，主流工具大多用于检测延迟或异常的运动发育，侧重于单个的技能表现，无法评估游戏、运动和体育活动中涉及的一系列复杂技能，且繁杂的过程不适合教师多次测量以纵向跟踪发育[①]。为此，一些国家，特别是欧洲国家开始研发与体育课程、体育教学、体育教师背景知识相适应的，便于体育课中实践操作的基本动作技能评价方法（见表1-3）。

这一阶段标志着基本动作技能评价进入了新时期，但这一时期测评工具的研发并不是孤立的，而是秉承了前两阶段积累的理论基础。首先，尽管各个国家体育教育目标不同，对儿童评价目标或着眼于"体育素养"，或强调"运动能力"，但测评工具的研发均以"基本动作技能对儿童终身运动参与及健康发展的重要作用"为出发点，以"基本动作技能评价的结构与动作为落脚点"，评价内容围绕位移、操控、稳定性动作3类技能展开。其次，一些测试工具采用了过程评价与结果评价相结合的策略，而非以往单一的评价策略，这也是一些研究基于多种工具横向比较后的观点。再次，一些评价式工具借鉴了主流工具的设计思路，例如一些评价工具以TGMD各个过程评价的要点作为参照；一些评价工具对动商（MQ）的标准划分，借鉴了KTK评价工具。可以说，这一阶段是前2个阶段的延续与升华。

表1-3　2011年以后各国研制基本动作技能评价工具一览表

测评工具	年份	国家	年龄/岁	持续时间	测试动作	评价类型
FMS-POLYGON	2011	克罗地亚	8	25s	对墙连续抛掷球6次、越3个障碍跑、举起放下药球2次、20米冲刺跑	结果

---

① Giblin S, Collins D, Button C. Physical Literacy: Importance, Assessment and Future Directions [J]. Sports Medicine, 2014, 44 (9): 1177-1184.

表 1-3（续）

测评工具	年份	国家	年龄/岁	持续时间	测试动作	评价类型
DEMOST-PRE	2014	希腊	4-6	<15min	拍球；左右侧跳；跑步；把球放进盒子；后退走；投掷；捡硬币放进盒子；跨越；接豆袋；立定跳	结果
4-Skills Scan	2015	荷兰	6-12	LG：8-10min HG：6-8min	静态平衡，跳跃力量，跳跃协调；拍球	结果
The Dragon Challenge	2015	英国	10-14	10min	走平衡台、核心敏捷性（跑）、摇摆点（跑）、上手掷、拍篮球、接球、T字跑、跳跃、10米加速跑	过程/结果
MOBAK-KG MOBAK-1	2014	瑞士德国	4-6	—	投球、接球、拍球、踢球；跑、跳、平衡、翻滚	结果
—	2014	瑞士德国	6-8	10min	投掷、接球、拍球、运球；平衡、滚动、跳跃、侧移	结果
AST-1 AST-2 AST-3	2016	荷兰	4-6	1min	走平衡木、行进间跳跃、鳄鱼爬行（手和脚）、爬越、绕杆行走	结果
—	2016	荷兰	6-9	1min	走平衡木、行进间跳跃、跳格子、向后爬、后退跑、侧滚翻、攀爬	结果
—	2016	荷兰	9-12	1min	走平衡木、行进间跳跃、向后跳格子、向后爬、前滚翻、攀爬	结果
CAMSA	2017	加拿大	8-12	1.5-2.0min	双脚跳跃、侧滑、接球、投掷、跳跃、跳跃和踢腿	过程/结果
PMA	2018	美国	3-5	10-15min	方向（向前、向后和侧向的跨步）、空间意识（高、低、快和慢移动）、稳定性（平衡和旋转）、越过中线（交叉步）和位移动作（单脚跳和向上纵跳）	过程/结果

注：LG：低年级；HG：高年级；h：小时；min：分钟；s：秒。

（二）教育融合背景下国际测评工具开发的变化

1. 评价工具设计过程关照体育教育实践

为了使体育教师能够在实地教学环境中完成对儿童的评价，很多测评工具的研发充分关照体育教学实际，包括对体育课程、体育师资、体育场地器材的呼应。在课程方面，从体育课程的内容与能力要求出发，选择基本动作技能考评的内容。例如，英国的"The Dragon Challenge"，紧密配合英国威尔士体育部的"龙的多技能和运动计划"①，MOBAK 评价内容与葡萄牙学校体育课程紧密联系②③，美国的 Preschool Movement Assessment（PMA），力求能够与国家学前教育标准相符合④。其次，各评价方案制定过程中，尊重一线体育教师的经验和智慧，一些测评工具把体育教师加入研发团队或由体育教师作为专家对测评方案的效度进行判断：加拿大 CAMSA 评价方案，由体育教育工作者和体育科学家组成的小组选择动作技能，并将其作为测试的首选；希腊的 DEMOST-PRE 方案由 5 名体育教师、10 名幼儿教师、2 名医生和 3 名康复治疗师一同评估测评工具的表面效度、内容效度⑤。此外，测评方案也充分考虑学校体育场地设备的现有条件，

---

① Tyler R, Foweather L, Mackintosh K A, et al. A Dynamic Assessment of Children's Physical Competence [J]. Medicine & Science in Sports & Exercise, 2018, 50（12）: 2474-2487.

② Quiterio A, Martins J, Onofre M, et al. MOBAK 1 Assessment in Primary Physical Education: Exploring Basic Motor Competences of Portuguese 6-Year-Olds [J]. Perceptual & Motor Skills, 2018, 125（6）: 1055-1069.

③ Herrmann C, Heim C, Seelig H. Construct and Correlates of Basic Motor Competencies in Primary School-Aged Children [J]. Journal of Sport and Health Science, 2017, 8（1）: 67-74.

④ Lindsay A R, Dyrek A J, Blitstein J L, et al. Interrater Reliability of a Field-Based Preschool Movement Skills Assessment [J]. Journal of Nutrition Education and Behavior, 2018, 50（10）: 1040-1045.

⑤ Kambas A, Venetsanou F. The Democritos Movement Screening Tool for Preschool Children（DEMOST-PRE（c））: Development and factorial validity [J]. Research in Developmental Disabilities, 2014, 35（7）: 1528-1533.

在测试器材的选择上尽量考虑使用学校通常可用的运动器材。针对部分学校可能存在场地有限的问题，大多数测试均在可控制的较小区域内完成，尽管一些测试方案包含了多种位移动作技能，其所需的最大区域也尽量控制在 10 米 ×20 米空间内①。诸如此类的考虑，都是为了使学校体育教师能够在真实教学环境下，在不咨询临床专家、不购买额外器具的情况下，顺利完成对儿童基本动作技能的测试，并将测试结果用于体育教学改进。

2. 评价对象由多段年龄向细分年龄转换

儿童发展阶段具有多个分期：0～3 岁为婴幼儿期、3～6 岁为儿童早期、7～9 岁为儿童中期、10～12 岁为儿童后期，每个阶段都有其发展特点。1975—1995 年间研制的基本动作技能评价工具适用对象的年龄区间较大，跨越了多个儿童发展阶段（见表 1-2），这造成了一些测试工具对某些年龄儿童不够敏感的问题，例如 MABC-2 和 BOT-2 能较好地评估 11～16 岁儿童的相关动作技能，但不能评估 7～10 岁儿童的相关动作技能能力②。有些评估工具甚至出现"地板效应"和"天花板效应"，即一些项目对大龄儿童过于简单，很容易获得优异成绩，对低年龄儿童又十分有难度，很难得到高分③。而 2011 以后研制的工具大多有特定的适龄区间，最大适龄区间不超过 4 年（见表 1-3）。荷兰的 AST 针对 6～12 岁小学生进行评价，但根据 1～2 年级、3～4 年级、5～6 年级设置了不同的测试内容和标准，实际年龄跨度为 2 年。这些变化不仅避免了测试的"天

---

① Longmuir P E, Boyer C, Meghann L, et al. Canadian Agility and Movement Skill Assessment（CAMSA）: Validity, objectivity, and reliability evidence for children 8-12 years of age [J]. Journal of Sport and Health Science, 2017, 6（2）: 231-240.

② Lane H, Brown T. Convergent Validity of Two Motor Skill Tests Used to Assess School-Age Children [J]. Scandinavian Journal of Occupational Therapy, 2014, 22（3）: 1-12.

③ [美]佩恩, 耿培新, 梁国立. 人类动作发展概论 [M]. 北京: 人民教育出版社, 2008: 460.

花板"及"地板"效应,更重要的是能够更精准地测评儿童基本动作技能的发展变化。值得注意的是,小学中高年级儿童的测试内容更符合基本动作技能的动作分类,而小学低年级和学前儿童的测试内容动作较少,测试任务较为简单。

动作技能发展理论认为,7岁前是基本动作技能发展的关键期。Seefeldt(1980)的"动作熟练度发展序列的金字塔模型"、Clark(2002)的"终身动作技能发展山峰模型"均认为儿童在7岁之前应储备足够多样的基本动作技能;Gallahue和Ozmun(2006)的"时钟沙漏"模型认为5～7岁儿童能够在大多数基本动作上达到熟练程度。但从表1-3显示的7岁前儿童的测评内容来看,并没有体现出3个发展模型所要求的技能高度。在动作种类上,测试内容以稳定动作技能和位移动作技能为主,操控动作技能较少。美国PMA测试与荷兰AST第一阶段的内容均只包含稳定性和位移性动作。在动作模式的过程性评价上,美国PMA测试依据教师对儿童12个基本动作完成情况的主观判断进行4级打分,而非像TGMD一样,按动作环节的达成情况打分。这些测评内容表明,期望的儿童基本动作技能水平与理论模型之间存在差距。这种差距究竟是由于动作技能发展模型只是理想模型,儿童不一定能达到,还是如Rainer(2012)等人的警告,过去40年儿童运动能力出现了"下降趋势"[1],从而导致测评内容难度降低,抑或是各国儿童动作技能发展水平及体育课程的差异所致,究竟是哪一种原因?目前还不得而知。但是这提示我们,学前儿童的基本动作技能评价具有特殊性,在测评动作选择和任务设定上,应该有更多思考、更加慎重。

---

[1] Rainer B, Bouwien S E, Helene P, et al. European Academy for Childhood Disability: recommendations on the definition, diagnosis and intervention of developmental coordination disorder [J]. Developmental Medicine and Child Neurology, 2012, 54(1): 54-93.

3. 评价内容由全面测试向简洁高效转变

早期的测评工具以筛查发育滞后为目标，考查动作多，又以单个动作进行测试，比较耗时，这也是为什么一些国际主流的测试工具有很好的信效度，在儿童保健康复和科学研究领域广为运用，却不太适用于体育教学实践。为使体育教师能够在教学情境中快速高效地实施测试，2010年以后的大部分测试工具从3个方面进行了改进：首先，在基本动作的选择上求精不求全，将最能够体现特定年龄儿童动作技能发展的动作纳入评价方法；其次，在测试流程上，将单个基本动作组合起来形成赛道，要求儿童依次连续不停顿地完成多个动作，而非单个独立动作，最大限度地缩短儿童测试时间；再次，在评价方法上，倾向于采用结果性评价的范式，通过计时、计数、计距的方法记录成绩。即便是过程评价与结果性评价相结合的测评工具，考虑到实时观察对体育教师的挑战，在过程评价的动作环节选择上，也只选择1～2个代表性关键动作特征进行评价[①]，以便体育教师快速评分记录。诸如此类的改变，提高了评价效率，缩短了教师的操作时间。如表1-3所示，2011年以后的测试工具均能在15分钟以下完成，一些测试方法所需时间甚至不足1分钟，最短的FMS-POLYGON，完成时间约为25秒。这种短时高效的测评工具保证了体育教师能够在单位时间内测试更多学生，也为教师进行多次评估以追踪儿童的基本动作技能发育提供了可能。

4. 教育情境下评价方案可行性受到关注

高质量的测评工具应该是有效、可靠和客观的。对于基本动作技能测评工具质量的验证，信度和效度一直是主要考查指标，如内容效度、重测信度、评分者信度等。尽管在经典动作技能发展著作中提及测评工具可行性的话题，但始终没有确定的标准。从早期测评工具的操作手册来看，也

---

① Tyler R, Foweather L, Mackintosh K A, et al. A Dynamic Assessment of Children's Physical Competence [J]. Medicine & Science in Sports & Exercise, 2018, 50（12）: 2474-2487.

鲜有对测评工具可行性的报告。近年来，评价工具的研发特别关注体育教育情境下的可行性。研究者从评估目的、完成时间、所需场地空间、对儿童的适用性、评分员培训、体育课程融入等因素进行分析①②。在评价主体上，不仅包括开发者本人，也包括使用者（体育教师）和被评价者（儿童）③④。澳大利亚著名儿童动作技能发展研究专家 Barnett 多年来致力于儿童动作技能测评工具的国际比较，2019 年 Barnett 研究小组根据 Bowen 等人可行性研究的理论框架，从接受性、需求、实施、实用性、课程整合 5 个方面提出学前儿童基本动作技能的测试工具可行性验证的维度，具体指标涉及"测试时间、空间、所需器材、评价类型、内容数量、测试员培训、测试员专业背景"，每个指标分别有优、中、差 3 个等级。其中，优级指标为"10 分钟以下测试时间、幼儿园及家庭常见运动器材、6 米 × 6 米以内的测试空间、结果性评价类型、6 个以内测试项目、测试员培训时间在半天以内、学前教师可以胜任测试"。每个指标内容均有对应的理论依据。Barnett 研究小组联合代表澳大利亚、比利时、荷兰、挪威、美国的 7 位专家共同确定国际上 13 种基本动作技能评价工具，根据这一指标体系提取测评工具相关信息并进行量化，包括 TGMD-2、MABC、MOT4-6、

---

① Longmuir P E, Boyer C, Lloyd M, et al. Canadian Agility and Movement Skill Assessment (CAMSA): Validity, objectivity, and reliability evidence for children 8-12 years of age [J]. Journal of Sport and Health Science, 2017, 6 (2): 231-240.

② Lander N, Nahavandi D, Mohamed S, et al. Bringing Objectivity to Motor Skill Assessment in Children [J]. Journal of Sports Sciences, 2020, 38 (13): 1539-1549.

③ Klingberg B, Hoeboer J J A A M, Schranz N, et al. Validity and Feasibility of an Obstacle Course to Assess Fundamental Movement Skills in a Preschool Setting [J]. Journal of Sports Science, 2019, 37 (2): 1-9.

④ Lander N, Morgan P J, Salmon J, et al. The Reliability and Validity of an Authentic Motor Skill Assessment Tool for Early Adolescent Girls in an Australian School Setting [J]. Journal of Science and Medicine in Sport, 2017, 20 (6): 590-594.

KTK、PDMS2 等国际常见工具，以及 AST、DEMOST-PRE、MPC、CMSP 等最新研发的新工具，最终证明荷兰的 AST 和希腊的 DEMOST-PRE 对 3～6 岁儿童基本动作技能测评的可行性得分最高，而一些常见的主流测评工具的可行性得分较低[①]。这些成果为评价工具可行性验证提供了新思路，呈现出教育融合背景下儿童基本动作技能评价发展的趋势，也提示我们，最常见的评价工具也许并不适合在某个年龄段或学校教育环境中应用。

在近半个世纪的发展演变过程中，基本动作技能的发展评价经历了形成期、测评工具应用审视期、体育教育融合期。近 10 年来，基本动作技能对终身运动与健康的意义受到各国学校体育的重视，它已成为儿童体育学习评价的落脚点及不可或缺的评价内容。学校体育越来越意识到体育教师担任评价者的经济性和便利性，以及对促进儿童基本动作技能和后续运动能力发展的重要作用。从临床康复医生到体育教师的评价主体转变，引发了基本动作技能测评工具方案研发的指南思想和研制取向的变化；基本动作技能评价从实验室走向运动场，成为儿童动作技能发展的标尺和指南；评价设计关注体育教学实际和评价可行性、细分评价对象年龄、评价内容简洁高效，强调与课程及体育教师的专业能力背景相符合，展现了各国研究者的智慧，显现出基本动作技能评价研究的生命力。

从最初个别国家的评价工具占主流，到如今各国评价工具百花齐放，丰富的成果表明：与实践过程中的评价目标、评价人群、文化背景及评价环境相适应的评价工具才是最佳工具。由于学校体育课程的国际差异，有必要制定符合我国学校体育改革要求且能在学校体育教学中高效运用的儿童基本动作技能评价工具。研发中注重学校体育实践的可行性，包括测试

---

① Klingberg B, Schranz N, Barnett L M, et al. The Feasibility of Fundamental Movement Skill Assessments for Pre-school Aged Children [J]. Journal of Sports Sciences, 2019, 37（4）：378-386.

时间、测试场地、器材便利性、教师培训难易程度等要素，最终形成尊重儿童身心发展特点、符合我国学校体育实际又具有国际视野的评价工具，以促进我国儿童基本动作技能的习得、体育素养的养成和健康体育行为的塑造。助力我国新时代学校体育改革、助力儿童青少年综合素养的提升。

二、基本动作技能与终身运动参与的关系

（一）基本动作技能促进儿童终身运动参与

根据动作技能发展的"高峰理论"，一个典型发育的个体都会经历动作技能发展的6个阶段，分别为反射阶段、前适应阶段、基本动作模式阶段、专项运动环境阶段、熟练阶段和代偿阶段，其中1～7岁的基本动作模式阶段最为关键，对后续终身运动发展具有决定性作用。这一观点提出后，引发了学界对基本动作技能与儿童体育活动参与相关性的研究。为论证基本动作技能发展与儿童终身运动参与的关系，本研究以公开发表的期刊论文为研究对象，提取了研究方法、测量手段、研究结果等方面的信息。研究检索了 Web of Science 和 EBSCO 2个数据库，文献发表时间为2005—2016年。主题检索词包括"children fundamental movement skill" "physical activity" "children fundamental movement skill" "weight" "children fundamental movement skill" 及 "physical fitness"。初步文献收集后，根据系统评价的方法，对文献进行了筛选。

两名研究人员根据预先制定的质量评价标准，从研究对象、研究设计、测试手段、结果讨论4个方面，分别对筛选出的33篇文献进行了质量评价，根据得分将文献分为高质量与低质量2类，其中高质量文献17篇。本研究围绕这17篇高质量文献进行了深入分析。其中有2篇文献为序列研究，7篇文献为纵向追踪研究，8篇文献为横向研究。在动作技能测试方法上，

88%的研究者采用了具有较高信效度的国际通用的基本动作技能评价方案，包括 MABC-2、TGMD-2、KTK、BOT-2 等[①]。其中，1 篇文献选用了澳大利亚"儿童动作技能促进计划[②]"中的评价方法，1 篇论文采用了自编结果性评价方案（见表 1-4）。

表 1-4 目标文献研究概况

编号	发表年份	第一作者	研究设计	动作技能测试方法	研究对象年龄/岁	样本数
1	2009	Barnett	L	Get Skilled Get Active	7.9–11.9	276
2	2009	Cliff	C	TGMD-2	3–5	46
3	2015	Cohen	L	TGMD-2	8.5±0.6	460
4	2013	D'Hondt	L	KTK	6–10	50
5	2014	D'Hondt	L	KTK	7–13	754
6	2005	Fisher	C	MABC-2	4–5	394
7	2016	Henrique	L	TGMD-2	3–5	206
8	2009	Houwen	C	TGMD-2	6–12	96
9	2008	Hume	C	TGMD-2	9–12	248
10	2015	Larsen	L	结果性评价	6–12	673
11	2014	Laukkanen	C	KTK	5–8	84
12	2011	Lopes	S	KTK	6–10	285
13	2012	Lopes	S	KTK	6–10	285
14	2012	Morrison	C	KTK	6–8	498
15	2013	Spessato	C	TGMD-2	5–10	264
16	2008	Williams	L	CMSP	3–5	198
17	2006	Wrotniak	C	BOT-2	8–10	65

注：C 表示横向研究，L 表示纵向研究，S 表示序列研究。

① Cools W, Martelaer K D, Samaey C, et al. Movement skill assessment of typically developing preschool children: A review of seven movement skill assessment tools [J]. Jonrnal Sports Science & Medicine, 2009, 8（2）: 154–168.

② Beurden E V, Zask A, Barnett L M, et al. Fundamental movement skills——How do primary school children perform? The 'Move it Groove it' program in rural Australia [J]. Journal of Science & Medicine in Sport, 2002, 5（3）: 244–252.

动作技能发展的"高峰理论"认为,基本动作技能是儿童、青少年、成人积极参与组织化与非组织化体育活动的基石[①],基本动作技能对儿童身体活动具有至关重要的作用,这一观点受到国外研究者的关注。本研究涉及的17篇文献以动作技能与身体活动关系为主题(见表1-5),研究者运用横向、纵向研究范式,验证基本动作技能与不同年龄儿童身体活动的相关性,以及对未来体育活动参与的预测功能。在身体活动的测量方式上,研究者采用主观问卷和客观仪器测量2种方式。主观问卷包括幼儿家长老师回忆问卷[②]、澳大利亚身体活动回忆问卷(APARQ)[③],Godin-Shephard问卷[④],问卷要求报告儿童每周15分钟以上身体活动的次数,将其转化为代谢当量(MET值)以确定身体活动强度;客观仪器测量主要要求儿童随身佩戴ActiGraph三维加速度计动态监测仪或计步器4~8天,包括1~2个周末日,记录常规日和周末日身体活动的时间、活动状态和能量代谢情况。

[①] Metcalfe J, Clark J E. The mountain of motor development A metaphor [M]. Motor development. Motor development: Research and reviews, 2002: 163-190.

[②] Henrique R S, Ré Alessandro H N, Stodden D F, et al. Association between sports participation, motor competence and weight status: A longitudinal study [J]. Journal of Science & Medicine in Sport, 2016, 19(10): 825-829.

[③] Barnett L M, Van Beurden E, Morgan P J, et al. Childhood motor skill proficiency as a predictor of adolescent physical activity [J]. Journal of Adolescent Health, 2009, 44(3): 252-259.

[④] Lopes V P, Maia J A R, Rodrigues L P, et al. Motor coordination as predictor of physical activity in childhood [J]. Scandinavian Journal of Medicine & Science in Sports, 2011, 21(5): 663-669.

表 1-5 基本动作技能与儿童身体活动强度及未来运动参与的关系

		中到大强度身体活动表现		未来运动参与预测		个案/总数（%）
		文献编号	（+/-）	文献编号	（+/-）	
动作技能	总分	4、6、7、9、13、14（男）、16、17、20、22、26、29、30	（+）	2、3、12、18	（+）	17/17（100%）
	位移技能	4（女）、14（男）、29	（+）	12	（+）	4/17（23.5%）
	操控技能	4（男）6、13、14（男）	（+）	2	（+）	5/17（29.4%）
测试方式	主观问卷	7	（+）	2、12、18	（+）	4/17（23.5%）
	客观测量	4、6、9、13、14、16、17、20、22、26、29、30	（+）	3	（+）	13/17（76.5%）

注：（+/-）表示相关情况：（+）表示正相关，（-）表示负相关，下同。

对于基本动作技能与身体活动的关系，研究者倾向于探索动作技能对儿童中到大强度身体活动的影响，这或许与当前各国都比较看重儿童青少年中到大强度身体活动参与的频度有关。本研究中共有 13 篇文章关注了这一问题，这些文献从不同角度论证了基本动作技能的掌握和运动协调与儿童参与中到大强度身体活动之间存在着正相关关系（表 1-5）。代表性成果包括，Fisher（2005）测试了 394 名苏格兰 4 岁左右儿童的 15 项基本动作技能，用运动加速度计记录了儿童身体活动的时间和强度，发现基本动作技能得分与儿童中高强度身体活动时间（$r=0.18$，$P<0.001$）的相关性具有高度显著性，与活动量（$r=0.10$，$P<0.05$）的相关具有显著性，与低强度运动时间不相关[1]。Wrotniak 等（2006）发现，基本运动能力与儿童中到大强度运动的持续时间和活动量正相关，与久坐行为负相关[2]。近几年，

---

[1] Fisher A, Reilly J J, Kelly L A, et al. Fundamental movement skills and habitual physical activity in young children [J]. Med Sci Sports Exerc, 2005, 37（4）: 684-688.

[2] Wrotniak B H, Epstein L H, Dorn J M, et al. The relationship between motor proficiency and physical activity in children [J]. Pediatrics, 2006, 118（6）: 1758-1765.

还有研究者通过教育干预的对照比较,来判定动作技能与身体活动的关系,Cohen 等(2015)对 460 名儿童随机分组进行对照干预实验发现,干预后,两组儿童在基本动作技能总分和每日中到大强度身体活动方面差异显著[1],高动作技能得分的男、女童有着更高强度的身体活动[2]。

在基本动作技能与儿童后续体育活动参与的预测上,一些学者采用纵向研究和序列研究的方法,验证了幼儿时期基本动作技能发展对未来身体活动参与的预测:Lopes 等人在 2002—2007 年间追踪了 285 名 6～10 岁的德国儿童,发现在 6 岁时被认为运动协调水平高的孩子在后续的身体活动中表现出较为稳定的参与度,在接下来的 3 年中,仅显示出轻微的身体活动水平下降,而中低运动协调水平儿童的身体活动下降较多,证实了动作技能协调是预测儿童时期身体活动的重要指标的假设[3]。Larsen 等人(2015)对 673 名 6～12 岁儿童进行了为期 3 年的追踪研究,结果表明基本动作技能与儿童身体活动水平显著相关[4]。Bryant 等人(2014)对 281 名 6～11 岁儿童进行追踪的多元线性回归模型显示,基本动作技能水平可以预测未来身体活动水平[5]。

---

[1] Cohen K E, Morgan P J, Plotnikoff R C, et al. Improvements in fundamental movement skill competency mediate the effect of the SCORES intervention on physical activity and cardiorespiratory fitness in children [J]. Journal of Sports Sciences, 2015, 33 (18): 1908-1918.

[2] Morrison K M, Bugge A, Ei-Naaman B, et al. Inter-relationships among physical activity, body fat, and motor performance in 6-to 8-year-old Danish children [J]. Pediatric Exercise Science, 2012, 24 (2): 199-209.

[3] Lopes V P, Maia J A R, Rodrigues L P, et al. Motor coordination as predictor of physical activity in childhood [J]. Scandinavian Journal of Medicine & Science in Sports, 2011, 21 (5): 663-669.

[4] Larsen L R, Kristensen P L, Junge T, et al. Motor performance as predictor of physical activity in children: The CHAMPS Study-DK [J]. Medicine & Science in Sports & Exercise, 2015, 47 (9): 1849-1856.

[5] Bryant E S, James R S, Birch S L, et al. Prediction of habitual physical activity level and weight status from fundamental movement skill level [J]. Journal of Sports Sciences, 2014, 32 (19): 1775-1782.

在基本动作技能的亚类上，研究者更加关注位移动作技能和操控动作技能。位移动作技能代表了人体协调奔跑、跳跃能力，操控动作技能则决定着参与球类运动时，处理和控制运动器材的流畅程度。一些研究者试图探索2个类别动作技能掌握对儿童身体活动与体育运动参与影响的差异，得出的研究结论各不相同。一些研究者的测试对比表明，操控动作技能与儿童身体活动呈正相关[1]，操控动作技能水平高的儿童更愿意投入到中到高强度的身体活动中[2]，而另一些研究认为，位移动作技能水平高的儿童久坐时间明显减少，中到高强度及高强度运动明显高于其他儿童[3]。值得注意的是，现有研究表明，不同性别儿童的基本运动能力对体育活动参与的影响具有差异，Cliff等人（2009）认为，操控动作技能与男童身体活动及中高强度运动时间高度相关，位移动作技能与女童身体活动及中高强度运动时间相关[4]，这可能与女童乐于参与的体育活动所需操控动作技能较少有关。而Hume等人以男童为对象的研究认为，操控动作技能与男童中高强度活动显著相关，但在进行高强度剧烈运动时，位移动作技能贡献更大[5]。

---

[1] Cohen K E, Morgan P J, Plotnikoff R C, et al. Improvements in fundamental movement skill competency mediate the effect of the SCORES intervention on physical activity and cardiorespiratory fitness in children [J]. Journal of Sports Sciences, 2015, 33 (18): 1908–1918.

[2] Houwen S, Hartman E, Visscher C. Physical activity and motor skills in children with and without visual impairments [J]. Medicine & Science in Sports & Exercise, 2009, 41 (1): 103–109.

[3] Williams H G, Pfeiffer K A, O'neill J R, et al. Motor skill performance and physical activity in preschool children [J]. Obesity, 2008, 16 (6): 1421–1426.

[4] Cliff D P, Okely A D, Smith L M, et al. Relationships between fundamental movement skills and objectively measured physical activity in preschool children [J]. Pediatric Exercise Science, 2009, 21 (4): 436–449.

[5] Hume C, Okely A, Bagley S, et al. Does weight status influence associations between children's fundamental movement skills and physical activity? [J]. Research Quarterly for Exercise & Sport, 2008, 79 (2): 158–165.

（二）基本动作技能影响儿童终身运动参与的路径

基本动作技能的熟练程度不仅关乎儿童中高强度运动参与的频率，而且影响着儿童后续体育活动参与的程度，更重要的是，儿童在"幼小阶段掌握了基本动作技能后，在未来青少年时期和成年阶段学习专项动作技能时，就能够将其'剪裁'以适应不同专项运动形式的需求"①，从而实现动作技能的顺利迁移，更易于形成对特定专项运动的爱好以及稳定的锻炼习惯。

根据运动技能发展理论，基本动作技能由3类基本动作构成，这些基本动作由竞技运动和休闲性身体活动中最基本的共性动作要素组成，通过不同的组合方式构成各运动项目的专项技术动作。每一个基本动作都代表了一系列与之相关的专项运动技术。例如，掌握了上手抛的基本动作，儿童就能够在垒球、板球、排球、羽毛球、英式篮球、棒球、标枪、网球等运动中顺利完成击球、投球、扣杀等技术动作。

因此，Clark J. E. 认为这些基本动作类似语言中的字母②。字母是语言的最基本单位，掌握了字母，才能够识别单词、创造句子、撰写文章。同样，只有在儿童时期掌握了基本动作技能，才能够保证未来学校生活和终身体育活动中灵活适应不同运动项目和运动环境，增加运动自信，提升体育锻炼自主参与意愿，并对认知、社会交往、身体发育等多领域发展起到积极的促进作用③。因此，世界各国都鼓励学校教育提供给儿童多种的基本动

---

① 美国国家体育课程标准（2014）SHAPE America - Society of Health and Physical Educators; principal writers, Lynn Couturier, St. National standards & grade-level outcomes for K-12 physical education [M]. IL: Human Kinetics, Inc, 2014.

② Clark J E. Motor Development [M]. //Ramachandran V S. Encyclopedia of Human Behavior. New York: Academic Press, 1994: 250.

③ Beurden E V, Zask A, Barnett L M, et al. Fundamental movement skills——How do primary school children perform? The 'Move it Groove it' program in rural Australia [J]. Journal of Science & Medicine in Sport, 2002, 5 (3): 244-252.

作技能习得和学练的机会，以便儿童在后续青少年和成人时期能够顺利完成各种各样的运动项目学习和体育活动（图1-1）。

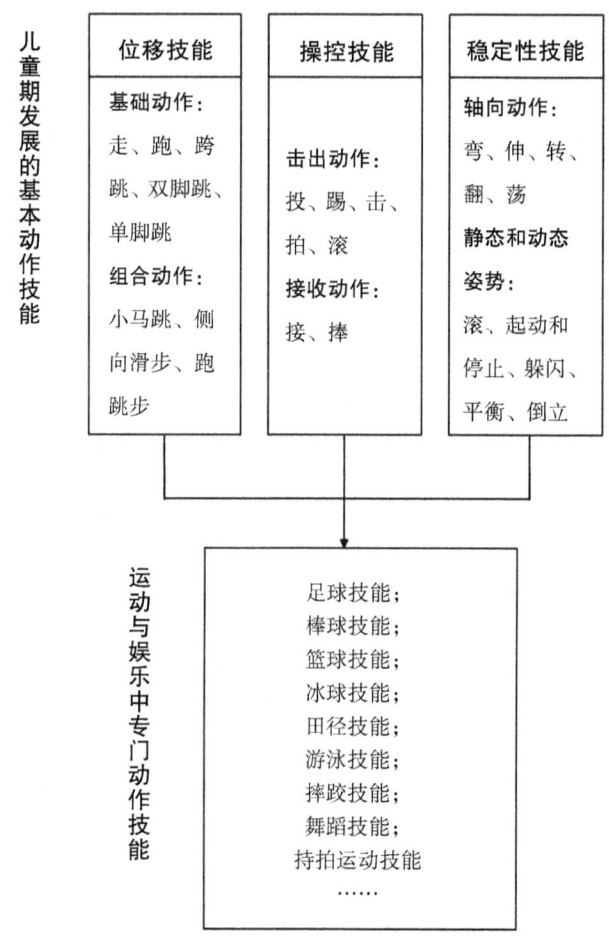

图1-1 基本动作技能与专项动作技能的关系

（三）不同文化背景的儿童基本动作技能差异与运动参与

从理论上说，动作技能发展的理论模型都建议给予儿童丰富多样的基本动作技能体验和学练的机会、条件，世界各国的学校体育也非常重视在基本动作技能类别的框架下设计体育课程和运动游戏，以促进儿童基本动作技能的全面发展。但是现有研究成果显示，不同种族和文化背景的儿童的基本动作技能发展具有差异。代表性研究包括：Lisa M. Barnett（2019）等人调查了 261 名澳大利亚 9～11 岁儿童，根据家庭中使用的语言分为两组：欧洲英语组（105 人）和亚洲语言组（156 人）。结果表明：与使用英语的儿童相比，使用亚洲国家语言（包括其他国家）的儿童的操控技能较低，即使在调整了年龄及 BMI 变量影响后，仍不能消除这样的差异[①]。同样，Emma L.（2017）等人的研究中也发现了类似的结果，该研究发现，生活在英国的来自南亚背景的儿童的基本动作技能总分和运动成绩比白人或黑人儿童低，母语为英语的儿童与以英语为附加语言的儿童的基本动作技能得分相似。此外，有亚洲研究者以国际主流评价工具为基准，探索了亚洲儿童与欧美儿童在得分上的差异，Mihayara 等人分析了 7～8 岁、9～10 岁、11～12 岁 3 个年龄段日本儿童和与美国儿童在 Movement Assessment of Children（MABC）得分上的对比，发现大年龄日本儿童（11～12 岁）得分明显低于美国儿童，45% 的 11 岁儿童得分排在美国常模的第 5 个百分位以下。而 Chow 等人同样以 MABC 为工具，调查了我国香港 255 名 4～6 岁儿童，发现香港儿童在动态平衡有关项目上的表现明显优于美国儿童，而美国儿童在与投掷和接的动作技能相关项目上的表现更佳。到目前为止，多个研究均证实了不同族裔儿童基本动作技能掌握上的差异，对于这一现象，研究者认为，尽管儿童在学校体育课程中接受了相同的动作技能学习，但不同族裔儿童出现基本动作技能的差异可能与课外体育活动的差异有关[②]。亚洲儿童由于接触球类运动的机会较少，儿童不太爱冒险，尝试新

---

① Barnett L M, Telford R M, Strugnell C, et al. Impact of cultural background on fundamental movement skill and its correlates [J]. Journal of Sports Sciences, 2019, 37（5）: 492-499.

② Logan S W, Robinson L E, Wilson A E, et al. Getting the fundamentals of movement: A meta-analysis of the effectiveness of motor skill interventions in children [J]. Child: Care, Health and Development, 2012, 38（3）: 305-315.

技能的机会少等原因^①，因此表现出基本动作技能掌握的跨文化差异。以上研究结果表明，不同国家有着各自特有的运动文化和民族化的体育锻炼参与项目，基本动作技能的发展可以促进儿童在后续生活中积极参与体育锻炼，反之，经常参与的体育锻炼项目也决定着基本动作技能的发展走向。这提示我们，每个国家都有着独特的运动教育目标和体育文化传统，研制儿童基本动作技能评价，不能忽视国家和地区教育和体育文化背景。

以美国大肌肉动作技能评价方案 TGMD-3 为例，评价的 13 个动作覆盖了美国国家体育课程标准的内容和要求。其中，侧击球动作技能代表了棒球、垒球、高尔夫球等运动的共性动作技能。表 1-6 展示了美国州立高中联合会所调查的最受美国青少年欢迎的 10 项课外体育活动项目。美国青少年更喜欢球类运动，排在前 3 位的运动推荐分别是橄榄球、田径、篮球，特别是橄榄球和篮球在美国职业化和商业化程度最高，最受青少年喜爱，显示出特定体育文化背景对儿童青少年体育参与的影响。特别值得关注的是，其中有多个项目需要侧击球动作，如棒球、垒球、高尔夫等，是美国青少年及成人普及率很高的项目，而这些项目在我国则属于小众体育锻炼项目，鲜有青少年持续参与。

---

① Mayson T A, Harris S R, Bachman C L. Gross Motor Development of Asian and European Children on Four Motor Assessments：A Literature Review［J］. Pediatric Physical Therapy，2007，19（2）：148-153.

表 1-6　美国青少年最喜爱的运动项目[①]

男		女	
运动项目	参与人数	运动项目	参与人数
橄榄球	112303	户外田径	457732
户外田径	558007	篮球	444809
篮球	545143	排球	404243
棒球	473184	垒球	368921
足球	383824	足球	344534
摔跤	267378	越野跑	198199
越野跑	231452	网球	177593
网球	157165	游泳和跳水	158878
高尔夫	157062	啦啦操	117793
游泳和跳水	130182	高尔夫	69223

根据我国全民体质监测结果，我国青少年参与的锻炼项目与美国青少年十大运动项目有所不同。因此，针对我国儿童的基本动作技能评价方案，应考虑到未来体育文化传统和青少年从事的运动项目的实际需要。应以国家学校体育教育目标和内容为出发点，更应以国家青少年和大众的运动文化传统为落脚点。

三、我国儿童基本动作技能的发展特征

对儿童基本动作技能的观察和梳理其发展特征，是基本动作技能评价的基础。如前文所述，不同国家民族和体育文化背景的儿童，基本动作技能发展水平具有差异。为此，本研究特别关注了国内学者对我国儿童，特别是3~6岁儿童基本动作技能发展特征的研究，从整体发展和不同类别动作发展特征2个方面进行了梳理。

[①] Gregory V, Payne L, Lsaacs D. Human Motor Development A Lifespan Approach (Eighth Edition) [M]. Connect Learn Succeed, 2012: 422.

（一）儿童基本动作技能发展特征的系统研究

人类动作的发展具有序列性和一定的方向性，动作发展本身有着严密的内在规律，是一个复杂多变又有规律可循的动态发展系统。目前，针对我国儿童基本动作技能发展特征的系统研究较少，主要集中在儿童生长发育及动作发展规律、动作发展水平及内部结构、不同年龄阶段儿童动作技能得分情况、儿童动作发展提升的实证研究等方面。

胡虞志（1989）对儿童的生长发育状况及基本动作发展进行连续性研究后发现，儿童基本动作的发展水平随着年龄的增长逐步提高，增长速度逐步降低，男童比女童的发展速度要更快些[①]。孟祥芝等人（2004）运用即时行为的实验方法，对40名4～6岁幼儿的动作发展水平、动作发展的内部结构、动作抑制的发展趋势和动作抑制与动作一般发展水平之间的关系进行了详细探讨，结果发现：在动作发展的特定条件下，男孩与女孩的动作发展水平存在差异，幼儿的动作反应抑制能力存在明显的年龄发展趋势，而动作反应抑制能力与一般动作发展水平之间存在显著相关[②]。

马红霞（2006）采用TGMD-2对260名男童和251名女童（3～10岁）的测试动作得分情况进行了分析，结果发现：各个动作的得分均随年龄有所提高，只是动作发展的幅度和速率存在差别，呈波浪式增长。3岁时，原地拍球和单脚跳动作得分最低，踢球动作得分最高，说明在3岁这个阶段，儿童对拍球和单脚跳动作还比较陌生，对踢球动作的掌握比较好。到6岁时，单脚跳和拍球动作有了很大的进展，随着腿部力量和协调能力的增强，动作开始趋于稳定。在踢球、击固定球、上手投球等操作器材的动作上存在性别差异，男生得分比女生高。总体来说，在位移分测验中不存在性别上的差异，在物体控制分测验中存在性别差异，男生优于女生。从测验的

---

① 胡虞志. 幼儿体格发育及基本动作发展的追踪研究[J]. 学校卫生，1989（3）：8-10.
② 孟祥芝，谢利苹. 幼儿动作发展与动作抑制研究[J]. 心理发展与教育，2004（3）：6-10.

总分来看，不存在性别差异①。

李静等人（2013）采用 TGMD-2 对 1046 名 3～10 岁儿童的大肌肉动作进行了测查，结果显示我国 3～10 岁儿童的物体控制能力和位移能力存在年龄特征，且物体控制能力的发展明显落后于移动能力的发展，大部分儿童的物体控制能力处于平均及以下水平，其中发展迟缓的儿童比例超过 60%。此外，将测试结果与美国儿童的测试结果相比可发现，我国儿童的物体控制能力发展较为滞后②。柳倩等人（2018）采用《亚太地区早期儿童发展量表》对 3～5 岁儿童进行的动作发展测查研究也得出了相同结论③。

宁科（2017）采用文献资料法对幼儿期大肌肉动作发展的重要基本动作进行了一般特征描述，主要包括跑、跳、滑步、蹦跳、单脚跳 5 个移动性动作和投掷、脚踢球、接球、击打球、拍球 5 个操作性动作，并采用 TGMD-3 对 553 名大中小班幼儿的大肌肉动作进行了测试，结果发现：不同年龄段儿童的动作技能存在显著差异，同时，相同年龄段儿童的动作技能（前滑步、单脚跳、蹦跳、双手挥棒击打固定球、单手击打固定球、双手接球、下手投球）存在性别差异④。

苏亚斌（2018）采用 TGMD-2 对北京市 930 名 3～6 岁儿童的粗大动作的发展现状进行了测评，发现 3～6 岁儿童的位移技能发展优于操控能力，且 2 项粗大动作水平均随着年龄增长而提高⑤。

---

① 马红霞. 在我国应用大肌肉动作发展测验（TGMD-2）的信效度分析［D］. 济南：山东师范大学，2006.

② 李静，刁玉翠. 3～10 岁儿童基本动作技能发展比较研究［J］. 中国体育科技，2013，49（3）：129-132.

③ 柳倩，曾睿. 3-5 岁儿童动作发展及其与早期认知、学习品质的关系研究［J］. 全球教育展望，2018，47（5）：94-112.

④ 宁科. 幼儿大肌肉动作发展特征及教学指导策略研究［D］. 北京：北京体育大学，2017.

⑤ 苏亚斌. 北京市 3-6 岁幼儿粗大动作发展现状研究［D］. 北京：首都体育学院，2018.

黄嘉琪（2019）采用TGMD-3运动测评工具探究3~6岁儿童的器械操控能力的结果性水平状况，同时对儿童完成操控动作的过程进行录像，运用观察法归纳3~6岁儿童各项器械操控动作特征。研究发现：3~6岁儿童的整体器械操控能力以及各项器械操控动作均随着年龄增长而提高。在性别特点上，小、中班儿童的整体器械操控能力和各项器械操控动作发展无明显性别差异，大班男童的整体器械操控能力、单手持拍击球和下手抛球动作显著高于女童。3~6岁儿童器械操控能力存在发展优势与劣势项目。其中，踢球和下手抛球动作是儿童最早发展且掌握较好的器械操控动作，双手接球和单手持拍击球动作属于中等难度项目，上手投球与双手持棒击球动作则一直是3~6岁儿童的发展劣势项目，原地拍球发展较为滞后，至大班才逐渐掌握[1]。

综上所述，目前针对3~6岁儿童动作技能发展特征的系统研究有待加深，目前关于我国儿童动作技能发展的系统研究较少，而且主要集中在儿童动作技能总体得分的变化规律及某几个动作的变化规律上，将儿童大肌肉动作（操控动作+位移动作）作为内容的研究较少，仅有5项研究（马红霞、宁科、李静等、黄嘉琪、苏亚斌）针对儿童大肌肉动作发展特征进行了较为系统的研究。其中，李静等人（2013）的研究重点集中在中美儿童动作发展水平的对比方面，宁科（2017）的研究重点则聚焦于教学指导策略的实证研究。

（二）儿童不同类别基本动作技能发展特征

1. 位移动作技能发展特征

王昕越（2013）采用三维摄像系统从运动学的角度对北京市某一幼儿园大中小班113名儿童的自然走和跨越障碍动作的基本发展特征进行了深入研究，该研究旨在探寻幼儿下肢基本动作发展的年龄变化特点，为幼儿

---

[1] 黄嘉琪. 3-6岁儿童器械操控能力发展研究[D]. 上海：华东师范大学，2019.

运动能力测试方法的修订与完善提供理论依据①。研究发现：男生随年龄的增长，自然走时速度加快，频率降低；在4.5岁以后，动作逐渐表现出充分伸肘、伸膝、足背屈，以髋关节带动下肢关节运动的模式。女生则为随年龄增长，自然走时速度和频率均增加；下肢关节的运动模式表现为膝、踝关节运动幅度大于髋关节。男、女生自然走动作的差异表现在躯干前倾程度和上肢摆动幅度等方面。女生动作发展的重点时期稍晚于男生。随着年龄的增长，跨越障碍时幼儿下肢膝、踝关节的运动幅度增加。

张超超（2014）通过录像分析法对济南市428名3～10岁儿童的前滑步动作特征进行了研究，发现不同年龄阶段儿童的前滑步动作特征各不相同，随着年龄的增长，动作特征会向更高一级的阶段发展，各阶段发展的年龄区间和动作特征各不相同，不同性别的儿童在发展前滑步动作技能时也具有差异②。

贾晓彤（2013）通过录像分析法对山东省济南市4所幼儿园和小学抽取的460名3～10岁儿童进行了单脚跳动作测试，研究发现：儿童于3.5～4岁形成"摆动脚在体前"的动作特征；儿童于4.5～5岁形成"摆动脚支撑腿的侧面"的动作特征；儿童于6～6.5岁形成"摆动脚落后于支撑腿"的动作特征；儿童于9.5～10岁形成"摆动腿自由协调摆动"的动作特征。3～10岁儿童单脚跳动作特征存在性别差异，且女孩单脚跳动作的发育比男孩早③。

郭蓉（2014）采用录像分析法对济南市587名3～10岁儿童的立定跳远整体动作和各阶段动作进行了研究，研究发现：3～4.5岁儿童的动作特征处于整体动作的第一序列，4.5岁年龄段是第一序列向第二序列的

---

① 于昕越. 幼儿行走动作发展特征的研究 [D]. 北京：北京体育大学，2013.
② 张超超. 3-10儿童前滑步动作发展特征研究 [D]. 济南：山东师范大学，2014.
③ 贾晓彤. 3-10岁儿童单脚跳动作发展特征研究 [D]. 济南：山东师范大学，2013.

逐渐过渡阶段；5~8岁儿童的动作特征处于整体动作的第二序列。3~8岁儿童在立定跳远动作起跳阶段的整体动作发展不存在性别差异，8.5岁时男孩的整体动作发展比女孩稍快，提前进入第三序列[①]。

罗金良（2013）通过录像分析法对济南市640名3~10岁儿童的跨步跳整体动作和各阶段动作进行了分析研究，研究发现：儿童各年龄段的跨步跳动作特征表现各有差异，随着年龄的增长，动作向着更高一级的阶段发展。儿童的跨步跳整体动作的发展表现为：3~4岁年龄段的儿童仅具备了跨步跳的勉强动作，处于跨步跳整体动作发展的第一阶段；4~5.5岁年龄段的儿童的跨步跳动作均处于整体动作发展的第二阶段；5.5~7岁这一年龄段的儿童的跨步跳动作特征处于一个过渡时期，动作特征开始逐渐接近第三阶段。不同年龄之间存在差异性，而相同年龄不同性别之间不存在差异[②]。

2.操控动作技能发展特征

3~6岁儿童的操控能力存在随着年龄增长而增长的发展规律，并且不同性别儿童之间操控能力发展存在差异，男童优于女童。同时，多数研究采用了以动作发展过程为导向的测评工具（TGMD-2），采用TGMD-3的较少，对于3~6儿童动作技能的测量与评价方法由定性向着定量与定性结合的方向发展。大量研究显示，学前儿童器械操控能力发展整体慢于其他基本动作技能的发展，且我国学前儿童器械操控能力发展水平在国际上处于靠后位置。

张莹（2013）对178名大中小班幼儿进行了测量，研究结果表明：我国3~6岁幼儿的投掷动作可归纳为10种类型，分别为类型一至十，各

[①] 郭蓉.3-10岁儿童立定跳远动作发展特征研究［D］.济南：山东师范大学，2014.

[②] 罗金良.济南市3-10岁儿童跨步跳动作发展特征之研究［D］.济南：山东师范大学，2013.

种类型在上肢、下肢、躯干等方面表现出不同的特点，具有不同的效率水平。3~4岁和4~5岁年龄段幼儿投掷动作主要表现为类型二、五；5~6岁年龄段主要表现为类型六和九。从动作类型来看，3~5岁年龄段男女幼儿的投掷动作未发现有显著性差异，5~6岁男女幼儿投掷动作存在一定的性别差异；从投掷距离来看，各年龄段均未表现出明显的性别差异。男童优于女童的原因可能是社会角色的期许以及运动参与，实地考察结果发现，男童较女童更偏爱投掷类操作性游戏[①]。

学前儿童操控技能发展慢于位移技能，这与儿童的运动发展规律有关。相比于位移技能，操控技能对儿童有更高的身体协调性和注意力的要求。儿童在完成对物体的操控动作过程中，不仅要达到身体动作上的协调，还需注意外界环境的变化，达到手—眼协调或脚—眼协调。因此，儿童在对基本的身体动作掌握较好的基础上逐渐完善操控动作。此外，研究显示儿童器械操控能力的发展呈现出显著的年龄差异[②③]与性别差异[④]。随着年龄增长，儿童物体控制水平逐渐提高，且男生物体控制水平高于女生物体控制水平[⑤]。

姜妮娜（2013）采用录像分析法对600名3~10岁儿童的双手接球动作发展特征进行研究，研究发现：不同年龄阶段儿童双手接球动作的整

[①] 张莹. 我国3~6岁幼儿基本动作发展特征研究——以北京市某一级幼儿园幼儿的投掷动作发展为例[J]. 中国体育科技，2013，49（4）：92-102.

[②] Butterfield S A, Angell R M, Mason C A. Age and sex differences in object control skills by children ages 5 to 14 [J]. Percept Mot Skills, 2012, 114（1）: 261-274.

[③] 文蕊香，姜桂萍，纪仲秋，等. 3~6岁幼儿上手投掷动作发展特征研究[J]. 天津体育学院学报，2018，33（3）：217-223.

[④] Bardid F, Huyben F, Lenoir M, et al. Assessing fundamental motor skills in Belgian children aged 3-8 years highlights differences to US reference sample [J]. Acta Paediatrica, 2016, 105（6）: e281-e290.

[⑤] Hardy L L, King L, Farrell L, et al. Fundamental movement skills among Australian preschool children [J]. Journal of Science & Medicine in Sport, 2010, 13（5）: 503-508.

体特征各不相同，各肢段动作的发展特征也不相同，不同性别儿童在双手接球动作发展中存在差异性。3～10岁儿童双手接球整体动作特征分为5个动作特征："直臂接球、反应延迟"动作特征在3.5～4岁形成，"抱球"动作特征在5～5.5岁形成，"捞球"动作特征在6岁形成，"双手接球"动作特征在6.5～8岁形成，"适宜调整身体和手臂位置"动作特征在8.5～10岁形成[1]。

李鹏鹏（2014）对济南市560名3～10岁儿童的踢静止球动作（以下简称踢球动作）的整体动作和各阶段动作进行了研究与分析，研究发现：在同一年龄阶段，不同性别儿童的踢球动作技能的发展水平存在差异性，主要表现为男童比女童踢球的距离要更远、击球力量更大等。而且随着年龄的增长，这种差异性越来越明显；不同的年龄层，相同性别儿童的踢球动作也存在差异性。从整体动作发展的水平来看，同一性别儿童踢球动作的发展随着年龄的增长，会呈现出助跑步幅增大、踢球腿向后摆动幅度增大、踢球力度增大、身体倾斜度增大及踢球结束后动作更加顺畅等特征[2]。

王丽霞（2016）采用录像分析法对石家庄363名3～11岁儿童进行击打高远球分析，结果显示："肩关节外展，屈臂""快速挥臂"动作模式在3岁时发展较快；"球拍置于头侧"和"球拍置于体前"分别是3～8岁和9～11岁两个阶段的特点；"球拍置于脑后"动作特征在4岁和6岁阶段的发展较快；"面对来球方向""躯干转动"意向的动作特点发生在5岁阶段，6岁儿童开始形成了击球阶段双脚起跳的动作特征[3]。

通过对国内儿童基本动作技能发展的相关研究进行总结与梳理发现，序列理论是研究动作发展较常用的一种定性研究方法，在教学中为教师提供了

---

[1] 姜妮娜. 3-10岁儿童双手接球动作发展特征研究[D]. 济南：山东师范大学，2013.
[2] 李鹏鹏. 3-10岁儿童踢球动作发展特征研究[D]. 济南：山东师范大学，2014.
[3] 王丽霞. 3-11岁儿童击打高远球动作发展特征研究[D]. 石家庄：河北师范大学，2016.

一种清晰的动作发展模式。但整体序列法将动作看成是线性发展的，忽略了个体发展的差异性以及动作螺旋式发展的特点，这也是整体序列法在解释动作发展过程中存在的局限性。部分序列法既能从整体上把握动作发展的方向，又能了解动作在各肢体间的协调组合。但是，过多地对动作进行不同阶段的划分容易使动作复杂化，不利于教育人员快速了解动作的发展。

已有研究主要涉及位移动作与《3—6岁儿童学习与发展指南》中所涉及的儿童动作技能还存在一定差距，并不能完全覆盖《指南》中要求的所有动作技能。目前的研究主要集中在位移动作和操控动作2个方面，稳定性动作技能的研究尚未涉及。在已有儿童动作发展的相关研究中，对于儿童动作技能存在年龄特征基本已经达成共识，不同年龄段儿童的动作技能水平存在显著性差异，但是不同性别之间是否存在差异尚未达成一致性。

第五节 研究对象与方法

一、研究对象

本研究旨在评价3～6岁幼儿的基本动作技能发展。调查与测试对象包括：幼儿动作与运动发展研究的相关专家、学者，幼儿园园长、教师，学前教育教研员，以及上海中心城区和郊区的公办幼儿园中3～6岁的幼儿。

二、文献资料法

本研究采用文献资料法，以"动作技能""基本动作技能""动作技能评价""motor skill""movement skill""fundamental movement skill""fundamental motor skill""fundamental movement skill assessment"

等为主要关键词进行搜索，通过 Web of Science、PubMed、中国知网（CNKI）数据库等网站查阅国内外有关文献，查找相关著作。共收集到相关学位论文 14 篇，中文期刊论文 11 篇，外文期刊 65 篇，著作 18 本，为本课题提供研究基础。

三、访谈法

访谈对象包括：幼儿动作与运动发展研究相关专家学者 3 人，对幼儿运动具有深入研究的学前教研员 4 名，园长 5 名，学前教师 4 名。

访谈内容主要围绕"学前教育中是如何看待动作技能的？""当前学前教育对运动的评价现状是怎么样的？""学前教育对运动的评价更倾向于结果评价还是过程评价？""如果有一个专门针对学前 3~6 岁的评价方案，期望其是什么样子的？"等几个问题展开，根据访谈主线展开并进行追问。

四、问卷调查法

（一）问卷的类别与编制

问卷包括 3 类：《测试动作技能筛选专家问卷》《测试项目筛选的学前教师问卷》《幼儿对测试项目认可程度的"笑脸计"问卷》。

1.《测试动作技能筛选专家问卷》

该问卷的编制包括 2 个部分，第一部分的编制，依据《3—6 岁儿童学习与发展指南》健康领域动作发展要求，从中梳理出我国学前教育对儿童运动提出的 18 种动作，按位移、操控、稳定三性进行动作分类，请专家根据动作标准评估基本动作技能评价的必要性，使用李克特五级量表进行打分，选择标准包括：①动作适合 3~6 岁幼儿，且能够安全完成；②幼儿园区域活动和集体活动中，该动作经常被涉及；③动作的掌握对儿童后续体育活动参与具有基础性作用。第二部分，请专家填写问卷，自评判断依据和熟悉程度。

2.《测试项目筛选的学前教师问卷》

围绕专家筛选出的9项动作技能，广泛查找国际动作技能评价工具中的相关测试项目，每个动作技能收集3个测试项目共计27个测试项目，编制成问卷，请学前运动教育一线教研员、骨干教师根据教学经验，针对幼儿园运动实践的适用性及幼儿完成的可行性，对每个动作技能的3个测试方法做出"高、中、低"3种不同程度适宜性的评价。问卷编制后在10名学前教师中进行了小范围试发，通过填写者访谈，了解填写体会，并对存在歧义、不明确的表达进行了修改。

3.《幼儿对测试项目认可程度的"笑脸计"问卷》

该问卷是由 Read 等人于 2002 年专门针对 5~10 岁儿童设计的测量乐趣的工具[①]。工具以图片形式用5个不同表情的笑脸来代替李克特五级量表的等级，要求儿童在5个表情中选出一个来表达自己的心情。

（二）问卷的发放与回收

1.《测试动作技能筛选专家问卷》发放与回收

专家选择：选取当前国内对幼儿体育与运动实践具有较深入的研究，最近5年在学术期刊、学术会议发表幼儿运动相关研究成果的体育院校中的学者、学前教育教研员、幼儿园园长和教师为专家，具体专家构成见表1-7。

问卷发放以纸质版形式发给专家，专家填好后返回。共发出问卷17份，回收17份，回收率为100%，有效问卷17份，有效回收率为100%。

---

① Read J C, MacFarlane S, Casey C. Endurability, engagement and expectations: Measuring children's fun [J]. Interaction Design and Children, 2002 (2): 1-23.

表 1-7 测试动作技能筛选问卷发放专家构成

序号	姓名	单位	职称/导师	幼儿体育研究方向	学位
1	罗**	北京体育大学	教授/博导	幼儿动作发展	博士
2	姜**	北京师范大学	教授/博导	幼儿动作发展	博士
3	李*	山东师范大学	教授/硕导	幼儿动作发展	硕士
4	辛*	广州体育学院	教授/硕导	幼儿动作发展	硕士
5	庄*	广东省教育研究院	编审	幼儿运动课程与动作发展	硕士
6	全**	辽宁师范大学	教授/博导	运动游戏与幼儿发展	博士
7	裴**	吉林大学	教授	幼儿运动游戏	硕士
8	杨*	沈阳体育学院	教授/硕导	幼儿运动实践	硕士
9	张*	浙江师范大学杭州幼儿师范学院	副教授/硕导	幼儿运动实践	博士
10	柳*	华东师范大学学前教育系	副教授/硕导	学前儿童健康与运动发展	博士
11	陈**	首都师范大学	副教授/硕导	幼儿运动游戏	博士
12	宁*	陕西师范大学	副教授	幼儿动作发展与教育	博士
13	刁**	山东师范大学	讲师	幼儿动作发展	博士
14	吕**	上海市徐汇区教育学院	中学高级/学前教研员	学前运动教育实践	学士
15	刘**	杨浦区教育学院	高级教师/学前教研员	学前运动教育实践	硕士
16	王*	常州市新北区银河香槟湖幼儿园	园长、幼儿园高级	学前运动教育实践	学士
17	潘**	中国科学院第三幼儿园杏林湾分园	骨干教师、一级教师	学前运动教育实践	硕士

2.《测试项目筛选的学前教师问卷》发放与回收

问卷发放对象为从事运动领域教育活动的学前教育骨干教师、教研员，共计29人。如表1-8所示，男性13名，女性16名，教龄均在6年以上，均为成熟教师，教龄在10年以上的占72.41%。学前运动教育经验方面，年限在6年以上的教师占93.1%。

问卷编制后，以问卷星的形式发放给调查对象。调查对象样本为30人，实际填写问卷的教师为29人，回收率为97%。经问卷数据核查，未发现漏填、乱填的情况，有效回收率为97%。

表1-8 测试项目筛选问卷学前运动教师专家构成（频数/百分比）

类别	构成				
性别	男	女	—	—	—
	13（44.83）	16（55.17）	—	—	—
年龄段	20-30岁	31-40岁	41-50岁	50岁以上	—
	4（13.79）	19（65.52）	5（17.24）	1（3.45）	—
教龄	1-5年	6-10年	11-15年	16-20年	21年以上
	0（0）	8（27.59）	10（34.48）	7（27.14）	4（13.79）
从事学前运动教育年限	1-5年	6-10年	11-15年	16-20年	20年以上
	2（6.9）	14（48.28）	7（24.14）	6（20.69）	0（0）

3.《幼儿对测试项目认可程度的"笑脸计"问卷》

"笑脸计"发放对象为参加测试的儿童，共计534人。每个儿童在完成测试后，"笑脸计"以5个笑脸图片的形式展示给幼儿，由主测人员解释每个笑脸的含义，并请儿童根据自己测试中的感受来选择一个笑脸。

五、测试法

测评方案在预试验、初稿试用、终稿数据采集过程中对幼儿进行了实地测试。

1.评价表初稿修正阶段

对测试项目备选项目池中的27个测试项目进行可行性测试。测试选择一所幼儿园大中小班各8名儿童，共计24名儿童，分别对27个项目进行测试，根据测试结果，确定儿童的适用性，并根据测试过程中出现的问题，对测试流程、测试指导语进行了调整和修正。

2.评价表初稿试用阶段

选取两所幼儿园，每所幼儿园分别抽取大中小班各一个班的儿童，共计 139 名被试者进行了 9 个项目的测试，收集数据，并对测试项目进行初步检验。

3. 评价表正式应用阶段

根据上海市中心城区和郊区 4∶4 的比例（浦东新区为半城市半郊区），抽取 8 个行政区（中心城区：徐汇、普陀、虹口、静安，郊区：闵行、松江、嘉定、崇明），每个行政区抽取 1 所幼儿园进行测试。测试由 4 名测试员完成，测试前每名测试员均接受了测试前培训。测试过程中，每 2 名测试员为一组，其中一名测试员负责组织幼儿、向幼儿讲解测试内容和方法，另一名测试员用摄像机对幼儿测试动作进行录像记录。测试后通过对录像的回看、慢放，记录幼儿动作的完成情况和关键动作技术要点的达成情况（见图 1-2）。最终完成所有 9 项测试的儿童共计 534 名。

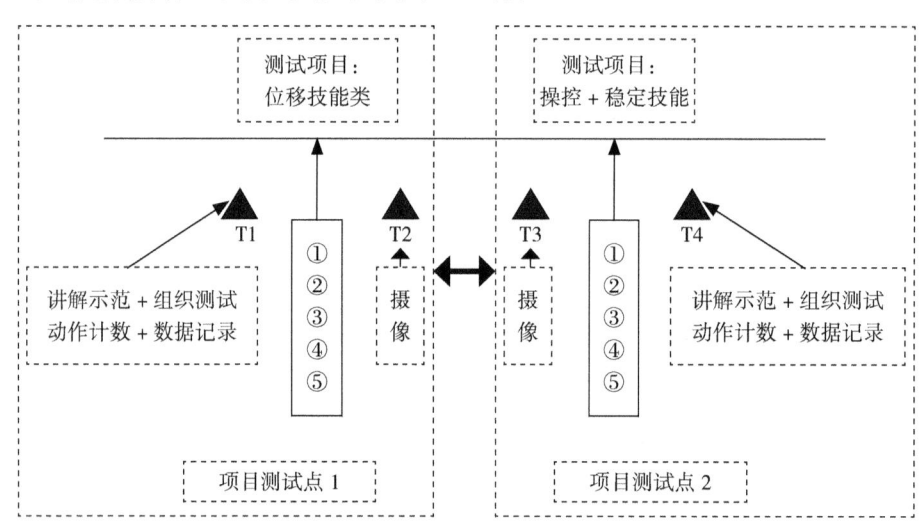

图 1-2　项目测试点分组示意

六、数理统计法

运用 SPSS26.0 统计软件，对本研究数据进行处理分析。

首先，对所有数据使用 K-S 检验方法检验数据是否服从正态分布，经

检验 P 值大于 0.05，表示数据符合正态分布。

在评价表的研制部分，对专家调查问卷数据使用平均分、变异系数和累积百分比等描述性统计，权威系数、Kandall's W 和谐系数筛选动作技能指标的筛选和测试项目；通过对评价表初稿进行变异系数、项目平均值偏离、项目与维度得分 Person 相关性，共同系数与因子负荷、探索性因子分析等方法进行项目分析。

在评价表的应用与检验部分，利用 Amos 25.0 对量表终稿进行验证性因子分析，检验评价表的结构效度；使用 Pearson 相关系数分析评价表的效标关联效度、重测信度、评分者间信度，难度值与项目区分度。运用描述性统计、单因素方差分析、独立样本 t 检验，对幼儿基本动作技能表现进行分析。

第六节　研究思路与创新点

一、研究思路

本研究遵循了 3 条逻辑主线：宏观层面，以动作技能终身发展山峰理论为视角，回顾儿童阶段基本动作技能发展的效用，将儿童基本动作技能评价与国家民族体育文化背景、未来参与的大众体育锻炼项目相联结；中观层面，基于国际基本动作技能评价发展的研究趋势，编制服务于我国学前教育课程实践、与教育主旨相一致的评价内容与标准；微观层面，以教育评价理论及经典测量评价理论为框架，设计研制流程、研制评价方法，验证评价方法的信度、效度和可行性（见图 1-3）。研究包括：理论分析、评价表研制、评价表应用与检验、评价可行性分析 4 个部分，并据此编写 3～6 岁幼儿基本动作技能评价的操作手册。

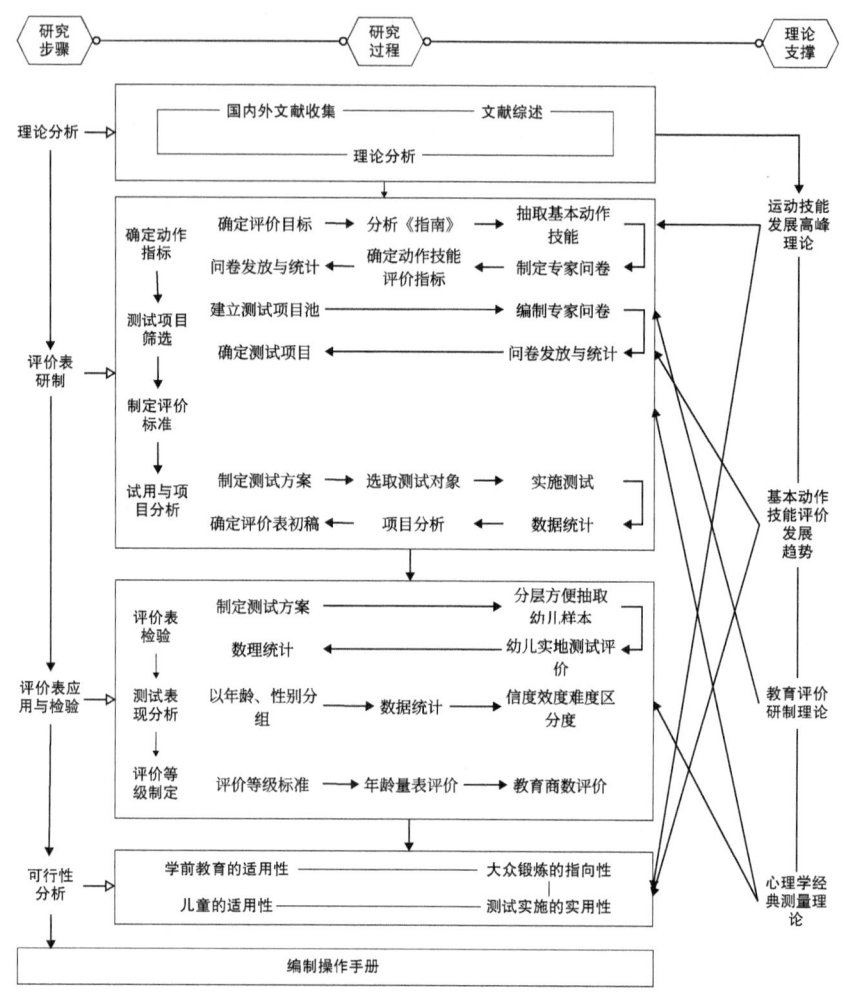

图 1-3 研究思路图

二、研究创新点

本研究的创新点有以下 3 个方面：

1. 研究视角创新

本研究根据教育部颁布的《关于加强新时代教育科学研究工作的意

见》,力求在评价方案的研制上"扎根中国、融通中外、立足时代、面向未来"。扎根中国,紧密围绕我国《3—6岁儿童学习与发展指南》和学前运动教育主旨;融通中外,全面把握国际基本动作技能评价的趋势,汲取国内外研究者的精华;立足时代、面向未来:评价内容不仅满足当代学前教育的需求,更着眼于未来儿童终身运动参与的要求。

2. 测试内容的创新

本研究基于《3—6岁儿童学习与发展指南》的内容要求,经专家筛选,研制评价方案。其中对3~6岁幼儿爬、双手上抛动作技能的评价,在目前收集到的各国评价工具中还未见提及,具有一定的原创性。

3. 评价方法的创新

在评价等级的设计上,本研究制定了以"金、银、铜、锡牌"为表现形式的百分位切分评价等级,基于年龄量表的评价等级,以及教育商数评价3种评价标准,为幼儿教师根据不同目的对幼儿基本动作技能进行评价提供了多种选择。

第二章 3～6岁幼儿基本动作技能评价表的编制

从教育测量与评价理论的角度,教育评价制定的步骤包括确定教育评价对象和目标、初拟评价指标、筛选评价指标、设计评价标准、整合修改完善评价表等步骤。从应用的角度,人类动作技能的发展理论认为,在对学生进行动作技能评价之前,要仔细考虑以下几个问题:为什么要评价?需要评价哪些变量?如何收集测量数据以及哪些测试方式最能符合评价的要求(有效性、可靠性、客观性、标准参照或常模参照、是否易于使用)等[1]。依据以上教育评价研究路径和问题链,本研究对3～6岁基本动作技能评价表的开发与制定,分别对应:评价方案开发的目的、评价指标的选择、评价标准的制定、评价方案的质量确定几个部分。

---

[1] Gregory V, Payne L, Lsaacs D. Human Motor Development A Lifespan Approach (Eighth Edition) [M]. Connect Learn Succeed, 2012: 519.

第一节 评价目的与指标筛选

一、评价目的的确定

从儿童基本动作技能评价的历史看,评价方案和评价工具的研发目标总体上指向 3 个方面:一是监测儿童的动作发育状况,检查儿童是否存在发育障碍,是否需要儿童保健医生、儿科物理治疗师进一步的干预;二是通过评价,确定儿童一段时期内的"最近发展区",以便体育教师设计最适宜的运动方案,使儿童在能力所能达到的范围内进行适宜的挑战,实现动作技能的积累与扩展;三是借助儿童评价与反馈,体育教师能够判断体育课程与教学的有效性,调整课程的难度和多样性。近年来,世界各国儿童基本动作技能评价开发均倾向于后 2 个方面的目的,即帮助教师确定儿童"最近发展区"、提供适宜的活动课程,评估儿童动作技能提高程度,调整课程内容与难度,为体育教师的课程设计与教学提供支撑。

2012 年,我国颁布《3—6 岁儿童学习与发展指南》,在健康领域明确发展儿童的动作技能的目标,开辟了学前运动教育的新视野,对引领学前教育开展运动教育、发展幼儿动作技能水平、提高幼儿健康水平起到了推动作用。目前,学前教育一线特别注重一日活动中的运动游戏的安排,教师在区域活动中提供多样化的运动游戏使幼儿自主体验动作技能,积极开展集体性运动教学,让幼儿在结构化学习中掌握动作技能。本研究对上海幼儿园的实地调查和对学前教研员、学前教师的访谈显示,很多幼儿园要求教师将区域自主运动游戏与集体性运动教学有机结合:学前教师需要在区域自主运动游戏中观察、评价儿童,判断儿童动作技能发展的短板,之后要在后续区域活动设计及集体性运动教学中有针对性地解决儿童动作技能发展的问题。然而,这一看似清晰的教学逻辑对学前教师提出了巨大挑战。根据本研究对上海学前教师的抽样调查显示，238名受访教师中，44%的学前教师自述在职前教育和教育实习过程中接触过幼儿运动的相关知识，77%的学前教师自学幼儿运动相关知识。接受调查的学前教师填写了课题组设计的幼儿运动知识问卷，问卷共11个题项，包括身心健康发展知识、动作发展知识、运动风险知识3个维度。学前教师答题结果显示，幼儿身心健康发展知识的及格率最高，动作发展知识的及格率最低，说明学前教师对动作发展知识的掌握情况较差。由于在职前教育中较少接触运动相关知识的学习，许多学前教师未能充分掌握儿童动作技能的发展规律，难以准确判断幼儿动作技能发展的阶段，大多数时候只能判断儿童在运动游戏中出现了哪些动作。很多幼儿园园长和学前教师在访谈中表达了迫切需要儿童动作技能发展评价知识与方法的诉求。

针对学前教育的这一现状，本研究将3~6岁儿童基本动作技能评价方案研发的目的定位为"两个支持"：一是在教师层面，为学前教师提供与我国学前教育相关标准相适应的、便于学前教师理解与操作的评价方法，帮助教师确定儿童的"最近发展区"，提供适宜的活动课程；评估儿童动作技能的提升程度，调整课程内容与难度，为体育教师的课程设计与教学提供支撑；二是在幼儿层面，通过评价更好地促进幼儿基本动作技能的发展，为儿童后续终身运动参与奠定基础。

二、评价指标的筛选

本研究中的评价指标包括2部分：基本动作技能指标和相应的测试项目。因此，评价指标分别从动作技能指标和测试项目指标2个方面进行筛选。

（一）基本动作技能指标的筛选

1. 初拟基本动作技能指标

基本动作技能的初选依据了《指南》中健康领域动作发展维度的内容，

该《指南》对3～4岁、4～5岁、5～6岁年龄段儿童提出了详细的动作发展建议。根据基本动作技能的分类，这些动作涉及位移、操控、稳定3个类别，共计17个基本动作技能（见表2-1）。围绕这17项技能，本研究建立了初步的3～6岁幼儿基本动作技能发展评价的动作指标，包括"位移技能""操控技能""稳定技能"3个一级指标。

其中，"位移技能"包括双脚连续向前跳、钻爬、攀爬、助跑跨跳过一定距离、助跑跨跳过一定高度的物体、连续跳绳、单脚连续向前跳、快跑、连续行走9个二级指标。"操控技能"包括双手向上抛球、连续自抛自接球、连续拍球、单手前掷沙包4个二级指标。"稳定技能"包括沿直线走、斜坡和荡桥行走、走平衡木、躲闪4个二级指标。

表2-1　3～6岁幼儿基本动作技能发展评价初步指标体系

一级指标	二级指标
位移技能	双脚连续向前跳
	钻爬（匍匐爬、膝盖着地爬、膝盖悬空爬）
	攀爬（爬攀登架）
	助跑跨跳过一定距离
	助跑跨跳过一定高度的物体
	连续跳绳
	单脚连续向前跳
	快跑
	连续行走
操控技能	双手向上抛球
	连续自抛自接球
	连续拍球
	单手前掷沙包
稳定技能	沿直线走
	斜坡、荡桥行走
	走平衡木
	躲闪

注：动作技能摘取自《3—6岁儿童学习与发展指南》。

2. 筛选基本动作技能指标

评价指标的筛选主要有经验法和专家调查法[①]。本研究采用专家问卷调查，围绕形成的初步基本动作技能指标编撰问卷，问卷采用李克特五级量表，初选出的 17 个动作均对应"非常重要、重要、一般、可要可不要、不要"5 个级别，邀请幼儿运动教育领域相关专家学者对动作指标做出相应的判断和取舍。

（1）专家权威程度。

为了保证指标遴选的科学性和有效性，本研究将专家选择的标准定为：长期从事幼儿运动教育实践和研究，具备幼儿运动教育实践经验和理论知识的专业人员。最终确定的专家由 3 个方面的人员构成：从事幼儿运动实践研究的学者、从事幼儿运动教学研究的学前教研员、运动特色幼儿园园长。其中学者来自国内体育院校和师范大学体育学院，近 5 年发表过幼儿运动与动作技能发展的相关论文，或承担过相关课题；4 位学前教研员均拥有学前运动实践研究工作室；特色园园长担任过 5 年以上特色运动的幼儿园园长。

在此基础上，根据专家问卷中对指标判断的自我评价依据进行统计，以判断专家权威程度。专家权威性取决于专家对指标的判断依据和熟悉程度。权威程度系数的计算公式为：

$$C_r = \frac{C_a + C_s}{2}$$

专家对指标做出评价的判断依据如表 2-2 所示，用 C_a 表示判断影响程度系数。

表 2-2　专家打分判断依据

判断依据	量化值
实践经验	0.80
理论分析	0.60
国内外同行了解	0.40
主观判断	0.20

---

① 黄光扬. 教育测量与评价［M］. 2版. 上海：华东师范大学出版社，2012：155.

此外，将专家对指标的熟悉程度进行了统计。将熟悉程度划分成 6 个等级，用 C_s 表示熟悉程度系数（见表 2-3）。本研究在遴选权威专家时有很强的针对性，所选专家均在幼儿领域有丰富的经验，对此项研究相对熟悉，因此回收的问卷具有高质量。

表 2-3 专家对指标熟悉程度系数

熟悉程度	量化值
非常熟悉	1.00
很熟悉	0.80
熟悉	0.60
一般	0.40
不太熟悉	0.20
不熟悉	0.00

根据专家自身对问卷判断依据和熟悉度的评价结果，统计出判断系数 C_a、熟悉程度系数 C_s 和权威系数 C_r。从表 2-4 可知，专家咨询所得 C_a 平均值为 0.77；C_s 平均值为 0.93。C_r 大于 0.7 即认为问卷咨询结果可靠，咨询结果 C_r 的值为 0.85，则表明参与此次问卷咨询的专家具有较高权威性。

表 2-4 专家问卷填写的积极系数

指标	判断系数 C_a	熟悉程度 C_s	权威系数 C_r
双脚连续向前跳	0.72	0.94	0.83
钻爬	0.79	0.93	0.86
攀爬	0.79	0.93	0.86
助跑跨跳过一定距离	0.78	0.93	0.85
助跑跨跳过一定高度的物体	0.78	0.93	0.85
连续跳绳	0.75	0.88	0.82
单脚连续向前跳	0.78	0.94	0.86
快跑	0.78	0.96	0.87
连续行走	0.79	0.93	0.86
双手向上抛球	0.78	0.93	0.85
连续自抛自接球	0.74	0.92	0.83
连续拍球	0.79	0.95	0.87
单手前掷沙包	0.79	0.96	0.88

表 2-4（续）

指标	判断系数 C_a	熟悉程度 C_s	权威系数 C_r
沿直线走	0.79	0.94	0.86
斜坡、荡桥行走	0.78	0.89	0.84
走平衡木	0.78	0.95	0.86
躲闪	0.78	0.91	0.84
平均值	0.77	0.93	0.85

（2）专家评判的协调程度。

本研究对 3~6 岁幼儿基本动作技能发展评价指标的协调系数进行统计分析及显著性检验，以判断专家对指标筛选的协调程度。W 取值范围为 0~1 之间，越接近 1 则表明协调程度越显著。表 2-5 显示，位移能力的 Kandall's W 为 0.32，经检验 $P<0.05$；操控能力的 Kandall's W 为 0.44，经检验 $P<0.05$；操控能力的 Kandall's W 为 0.51，经检验 $P<0.05$，表明专家对指标重要性及可行性评分具有较高一致性。协调系数 χ^2 检验的 P 值均小于 0.05，表明在 95% 的置信度下，这些专家对于问卷指标的协调性好，评价结果可信度高（见表 2-5）。

表 2-5　专家问卷填写一致性检验

指标	位移能力	操控能力	稳定能力
指标个数	10	4	3
协调系数 W	0.324	0.44	0.51
P 值	0.000	0.000	0.000

（3）指标筛选的结果。

对于最终入选指标的确定，本研究采用界值法以及根据统计学的要求进行指标的筛选，根据每项指标的重要性得分计算满分率、算术均数和变异系数。满分频率和算术均数的界值计算方法："界值 = 均数 – 标准差"，变异系数的界值计算方法："界值 = 均数 + 标准差"。满分频率、算术均数大于界值则入选，变异系数小于界值则入选。为避免重要指标被去除，以上 3 个衡量标准均不符合要求才会被删除，出现 1~2 个标准不符合要求的指标则根据全面、科学的讨论后决定取舍。同时入选项目的累积百分比须大于75%，累积百分比是评分为4（重要）与5（非常重要）的人数占总人数的比例，以此达到推荐程度最大、意见相对集中的结果。

通过界值法计算分析，满分频率的界值为25.91%，满分频率小于界值的指标为：助跑跨跳过一定高度的物体（17.65%）、连续跳绳（12.50%）、单脚连续向前跳（17.65%）、连续自抛自接球（23.53%）、斜坡和荡桥行走（17.65）；算术均数的界值为3.66，算术均数小于界值的指标为：助跑跨跳过一定高度的物体（3.53）、连续跳绳（2.81）、斜坡和荡桥行走（3.50）；变异系数的界值为0.31，变异系数大于界值的指标为：连续跳绳（0.43）、连续自抛自接球（0.33）（详见表2-6、表2-7）。

表2-6 专家评判动作指标结果

指标	n	最小值	最大值	标准差	变异系数	均值	满分率/%	累积百分比/%
双脚连续向前跳	17	3	5	0.56	0.12	4.76	82.35	94.11
钻爬	17	2	5	0.87	0.19	4.47	65.71	89.24
攀爬	17	3	5	0.62	0.14	4.53	58.82	94.11
躲闪	17	2	5	1.03	0.24	4.24	58.82	70.58
助跑跨跳过一定距离	17	2	5	0.90	0.22	4.06	35.29	73.47
助跑跨跳过一定高度的物体	17	2	5	1.01	0.29	3.53	17.65	52.94
连续跳绳	17	1	5	1.22	0.43	2.81	12.50	29.41
单脚连续向前跳	17	3	5	0.63	0.16	4.00	17.65	77.57
快跑	17	4	5	0.51	0.11	4.59	58.82	100.00
连续行走	17	2	5	1.20	0.30	3.94	47.06	64.71
双手向上抛球	17	2	5	0.99	0.23	4.29	58.82	76.47
连续自抛自接球	17	1	5	1.21	0.33	3.71	23.53	70.59
连续拍球	17	2	5	0.87	0.19	4.53	70.59	88.24
单手前掷沙包	17	5	5	0.00	0.00	5.00	100.00	100.00
沿直线走	17	1	5	1.07	0.24	4.47	70.59	88.24
斜坡、荡桥行走	17	1	5	1.06	0.30	3.59	17.65	58.83
走平衡木	17	4	5	0.44	0.09	4.76	76.47	100.00

表 2-7　专家筛选动作技能指标界值

统计指标	n	最小值	最大值	均值	标准差	界值
满分频率 /%	17	12.50	100.00	51.38	25.46	25.91
算数均数	17	2.81	5.00	4.19	0.54	3.66
变异系数	17	0.00	0.43	0.21	0.10	0.31

综上所述，3个衡量标准均不符合要求的指标为：连续跳绳；2个衡量标准不符合要求的指标为：助跑跨跳过一定高度的物体、连续自抛自接球、斜坡和荡桥行走。

同时累积百分比低于75%的指标为：躲闪、助跑跨过一定高度的物体、助跑跨过一定距离、连续跳绳、连续行走、连续自抛自接球、斜坡和荡桥行走。

最终，经过专家咨询共删去二级指标7项（躲闪、助跑跨跳过一定高度的物体、助跑跨过一定距离、连续跳绳、连续行走、连续自抛自接球、斜坡和荡桥行走）。此外，攀爬（攀登架）多利用室外大型设施来完成，很难形成所有幼儿园统一的标准，这为评价造成了一定的难度。本研究在征求学前教育教研员及幼儿园运动实践经验丰富的教师后，将攀爬移出了评价指标。最终，形成了9个3～6岁幼儿基本动作技能发展评价的初步指标（详见表2-8）。

表 2-8　专家选出的动作技能评价指标

一级指标	二级指标
位移技能	双脚连续向前跳
	钻爬（匍匐爬、膝盖着地爬、膝盖悬空爬）
	单脚连续向前跳
	快跑
操控技能	双手向上抛球
	连续拍球
	单手前掷沙包
稳定技能	沿直线走
	走平衡木

（4）专家的补充与修改。

共有17位专家参与德尔菲咨询，47%的专家对问卷提出了修改意见和补充。具体的修改意见和补充如下：建议去掉连续跳绳，在位移技能部分增加垫步跳、侧滑步、前滑步、曲线跑、弧线跑、折返跑、双脚左右或后退走这些二级指标；在操控技能部分增加脚踢固定球或移动球、停球、单手侧击球、推球到指定区域、抓放乒乓球这些二级指标；在稳定技能部分增加侧滚翻、单脚站立、沿曲线走或跑、动态稳定和静态稳定结合的动作、原地旋转这些二级指标。对于以上意见，本研究认为可分为3类：第一类是属于动作类别，包括垫步跳、前滑步、弧线跑、脚踢球、单手击球、侧滚翻、原地旋转等。第二类是粗大动作的多样化表现形式，如：曲线跑、弧线跑、折返跑是跑的不同形式；双脚左右走、后退走、沿曲线走是走的不同形式；动态稳定和静态稳定结合是稳定性动作的组合形式。第三类属精细动作，包括推球到指定区域、抓放乒乓球。

对于第一类动作类别的建议，课题组对上海市教委学前教研室和各区教育学院从事幼儿运动教学科研的市、区级教研员进行了访谈咨询，请她们从适用性、实践性和可行性的角度对专家的建议进行判断。专家们认为，在当前学前儿童区域活动（低结构运动游戏）和集体教学（高结构运动游戏）中，这些动作技能并不具有普适性，要求儿童做出自身经验以外的活动，是学前教育特别反对的，建议测试动作的选择以《3—6岁儿童学习与发展指南》为基准。因此，本课题最终没有将以上动作列入测试动作指标。

对于第二类多样化动作表现形式的建议，本研究认为反映了特定基本动作技能在幼儿园运动游戏实践中的变化性、丰富性，因此在后续单个动作技能测试方法的选择和设计过程中，课题组充分吸取了专家的意见。例如，将"向前向后跑""折返跑"列入跑的动作测试项目池，"平衡木向前后退走"和"动态稳定和静态稳定结合"动作列入稳定性动作测试项目池，"垫上向前向后爬"列入爬的动作测试项目池。

对于第三类精细动作，推球到指定区域、抓放乒乓球2个建议动作，由于本课题关注的是对未来终身运动参与具有影响的粗大动作技能，因此最终未将这 2 个动作列入动作技能指标。

（二）基本动作技能指标对后续锻炼项目的支撑

根据人类动作技能形成的山峰理论，基本动作技能的获得对终身动作技能发展非常关键，是终身动作技能发展的"大本营"。幼小阶段掌握基本动作技能，儿童能够在未来青少年时期和成年阶段，将其"剪裁"以适应不同专项运动形式的需求，实现动作技能的顺利迁移[①]。如前文所述，越来越多的研究证实，基本动作技能的掌握具有种族差异，可能与儿童青少年在课外活动的差异有关，各个国家和民族有着各自特有的运动文化和体育锻炼参与项目。为此，本研究认为儿童基本动作技能的评价内容，不仅要与学校体育课程内容要求相呼应，还要考虑儿童未来终身体育参与的主流运动项目，确保评价内容与儿童后续最有可能参与的体育锻炼项目选择相一致。

根据我国国民体质监测 2015 年数据显示，6～19 岁青少年儿童经常参加的体育锻炼项目前 10 位的是体育游戏、长跑、篮球、跳绳、踢毽、羽毛球、乒乓球、健步走、足球、游泳、健美操广场舞（见图 2-1），10 个项目锻炼人数占比 91.2%。

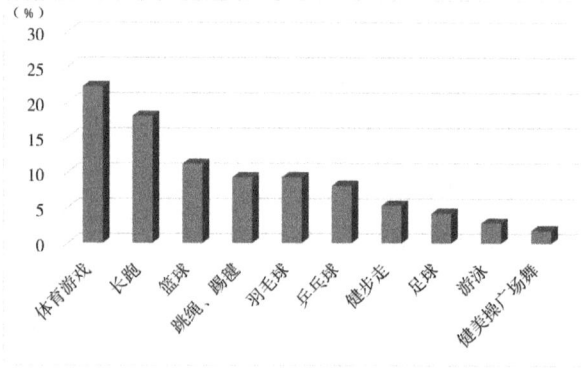

图 2-1 我国青少年经常参加的体育锻炼项目

---

① 马瑞，沈建华，王改芳. 美国"幼小衔接"动作技能学习对我国学前运动教育的启示 [J]. 体育学刊，2020，27（4）：121-126.

针对这10个项目，我们回顾了专家选定的测试动作技能，分析其是否能够满足儿童未来参与这些体育锻炼项目的需要。表2-9显示，9个动作能够较好地支撑6～19岁国民常见锻炼项目：跑是长跑、体育游戏及球类项目的基础；单脚跳、双脚跳是我国民间传统体育游戏中的常用动作，包括跳绳，单脚跳的单足持续支撑的形式，也为踢毽游戏提供了基础；爬的动作，发展的是手脚配合、四肢的灵活性以及双侧肢体协调性，有助于游泳运动项目的学习；拍球、双手上抛球、单手肩上投掷是篮球、羽毛球、体育游戏的动作技能支撑；走平衡木、走直线支撑了体育游戏和健步走活动。不仅如此，专家选定的9个基本动作对2015年国民体质监测数据显示的20岁以上成人常见锻炼项目"健身走、跑步、乒乓球、羽毛球、网球、足球、篮球、排球、广场舞"中的大部分项目也有较好的支撑。专家筛选出的基本动作技能指标与我国大众体育锻炼项目具有较好的支撑性和一致性。

表2-9 基本动作技能指标与我国青少年锻炼项目对应

评价的基本动作技能		6～19岁人群常见锻炼项目
位移技能	跑	长跑、体育游戏及其他球类项目
	单脚跳	踢毽、跳绳、体育游戏
	双脚跳	跳绳、体育游戏
	爬	游泳
操控技能	拍球	篮球
	双手上抛球	体育游戏、篮球
	单手肩上投掷	羽毛球
稳定性技能	走平衡木	体育游戏
	走直线	健步走

（三）测试项目的筛选

1. 测试项目池的建立

构建一个项目池，对项目池中的测试项目进行筛选，是评价表编制过程中的重要一环。纵观当前动作技能评价的编制过程，项目池的构建主要有2种途径：第一种是组织专家团队进行设计，第二种是收集已有评价项目测试，整合为项目池。近年来，第二种方法越来越受到研究者的关注，一些国际国内的评价表均采用了这一方法。例如，希腊的DEMOST-PRE，以BOT、MABC、MOT测试项目集合作为项目池，国内郭晨研制学龄前儿童粗大动作发展评价量表时，收集了儿童身体协调测试（KTK），粗大动作功能测验（the gross motor function measure GMFM），Gesell发育量表（Gesell developmental schedules，GDS），儿童动作测量量表（movement assessment battery for children MABC），布鲁氏动作熟练度测验（Bruininks-Oseretsky test of motor proficiency BOT-MP-2），学前儿童粗大动作质量量表（the preschooler gross motor quality scale，PGMQ）等测试方法，并认为我国在研制本国动作发展评价量表时，可参考国外的相关量表[①]。因此，本研究测试项目池的构建着眼于国际国内以3～6岁儿童为对象的基本动作技能评价测试项目的收集，评价工具来源包括本课题组购进的国际评价工具、通过中国知网以及PubMed搜索到的相关主题期刊文献，以及文献查找相关评价手册、相关评价工具网站。最终根据专家挑选出来的9个基本动作，从现存的国外学前儿童动作技能测评工具与方案中，提取出专门针对3～6岁儿童基本动作技能发展的测评条目，这些测试工具和方案包括：TGMD-2、Mabc（3-6）、BOT-2、国民体质监测（学前儿童阶段）、加拿大敏捷动作技能评估（CAMSA）、Athletic Skills Track、MOBAK-KD等针对3～6岁儿童的基本动作技能测试方案或测试子量表。这些测试项目覆盖了专家挑选出来的9个动作技能的大部分内容。但是，对于"爬"和"双手上抛球"2个动作，当前所收集到的国际儿童动作技能评价工具缺少测试项目的支撑。为此，本研究自编了测试项目，主要通过幼儿园运动教育骨干教师访谈和小团体头脑风暴，从学前教师日常运动游戏设计出发，抽取和编制出适合

---

① 郭晨. 学龄前儿童粗大动作发展评价量表的研制［D］. 北京：北京体育大学，2017.

3~6岁儿童的测试方法,制定测试项目。最终每个动作选定了3个预备测试项目,总体上实现了项目池测试项目3倍于测试动作的数量要求[①]。

位移动作技能中,快跑的3个预备动作技能分别来自国民体质监测10米冲刺跑、MOBAK-KD向前向后跑以及TGMD-2快速跑。双脚连续跳的3个预备动作技能分别来自MABC、加拿大敏捷动作技能评估(CAMSA)以及国民体质监测。单脚连续向前跳的2个预备动作技能分别来自MOBAK-KD以及TGMD-2。钻爬的3个预备动作技能分别来自Athletic Skills Track、FMS-POLYGON 2个国际上针对3~6岁儿童基本动作技能的测试方案,以及自编项目1(见表2-10)。

表2-10 位移动作技能测试项目池

类别	动作	来源	测试方法
位移动作技能	跑	国民体质监测	1.10米折返跑,在返回处设置一个手触物体。 2.每组受试者为2人,以"站立式"起跑姿势站在线前,听到"跑"口令后出发。 3.测试2次,记录完成时间。
		MOBAK-KD	1.5米向前向后跑,折线处设置一个手触物体。 2.幼儿向前跑摸到手触物体后,后退跑至起跑线(不转身)。 3.儿童连续来回2次被认为1次尝试。测试2次,记录成功完成的次数。
		TGMD-2	1.在15米距离的起终点放置2个标志桶,幼儿从一个标志桶快速跑向另一标志桶,再跑回起点。 2.测试2次,记录关键动作环节表现。
	双脚连续向前跳	MABC	1.儿童在起始垫上双脚并拢,双脚连续向前跳跃5个60厘米×60厘米的垫子。 2.连续跳跃5次视为成功完成(没有跳到垫子外面或垫子连接处)。 3.测试2次,记录成功完成的次数。

---

① 罗伯特·F.德威利斯.量表编制:理论与应用[M].席仲恩,杜钰,译.3版.重庆:重庆大学出版社,2016:84.

表 2-10（续）

类别	动作	来源	测试方法
位移动作技能	双脚连续向前跳	加拿大敏捷动作技能评估（CAMSA）	1. 儿童在起始圈外双脚并拢，连续双脚跳跃 3 个直径 63 厘米的呼啦圈。 2. 双脚连续跳跃 3 次，且没有踩到呼啦圈为成功完成。 3. 测试 2 次，记录成功完成的次数。
		国民体质监测	1. 儿童在起始线外双脚并拢，双脚连续跳过 10 块长 10 厘米、高 5 厘米的软沙包。 2. 测试 2 次，记录双脚并拢连续从沙包上方跳过的次数（没有停顿和垫步）。
	单脚连续向前跳	MOBAK-KD	1. 儿童以单脚连续向前跳，跳过 3 米直线后，转身换另一只脚连续跳回起点。 2. 全程要保持单腿连续跳跃，停顿不超过 1 秒，跳完全程视为成功完成 1 次。 3. 测试 2 次，记录成功完成的次数。
		TGMD-2	1. 儿童在 4.6 米距离的 2 个标志桶间，从起点用一只脚跳至终点，再转身换另一只脚跳回。 2. 分别用左右 2 只脚连续跳 3 下，视为 1 次成功。 3. 测试 2 次，记录成功完成的次数。
	钻爬	Athletic Skills Track	1. 儿童在长 3.3 米的拼接垫子上快速向前爬行（小班手膝爬，中大班手脚爬）。 2. 全程幼儿的手与脚均不能偏离垫子。 3. 测试 2 次，记录幼儿爬行的最快时间。
		FMS-POLYGON	1. 儿童在长 3.3 米的拼接垫子上向前爬行后，不转身，倒退爬回起点。 2. 全程幼儿的手与脚均不能偏离垫子。 3. 测试 2 次，记录幼儿爬行的最快时间。
		自编项目 1	1. 儿童在长 3.3 米的拼接垫子上快速向前爬行。 2. 在每隔 1 米的地方放一块横立规格为 120 厘米 × 60 厘米 × 5 厘米 /10 厘米折叠体操垫作为桥洞。全程幼儿的手与脚均不能偏离垫子，且横立的垫子不能倒下。 3. 测试 2 次，记录幼儿爬行的最快时间。

操控技能包括拍球、单手前掷沙包和双手向上抛球 3 个动作技能。拍球的 3 个预备动作技能分别来自 TGMD-2、MOBAK-KD 以及通过访谈和实践得出的项目 2。单手前掷沙包的 3 个动作技能分别来自 MOBAK-KD、MABC 以及 TGMD-2。双手向上抛球的动作由于在现有的国际测试工具中均未有相关测试，因此本研究邀请资深的学前运动教研员和优秀的学前运

动教师一起制定了相应的测试方法（见表2-11）。

表2-11 操控动作技能测试项目池

类别	动作	来源	测试方法
操控动作技能	拍球	TGMD-2	1. 儿童双脚不移动，一只手连续拍球4次，将球在胸前抓住。 2. 测试2次，记录成功完成的次数。
		自编项目2	1. 儿童双脚不移动，一只手连续单手拍球4次后，不停球情况下换另一只手再连续单手拍球4次，然后将球在胸前抓住、停球，视为1次成功完成。 2. 测试2次，记录成功完成的次数。
		MOBAK-KD	1. 儿童双手连续向下拍球5次后，将球接住，为成功完成1次。 2. 评估2次测试，记录成功完成的次数。
	单手前掷沙包	MOBAK-KD	1. 儿童站在距墙1.5米远的起始线前，向墙上高1.1米，直径40厘米的标志物用单手上手掷6个直径65毫米，重约80克的沙包。 2. 测试2次，记录击中目标的最多次数。
		MABC	1. 儿童用单手下手前掷的动作，将10个直径65毫米，重约80克的沙包掷向1.8米外的标志垫。 2. 测试2次，记录击中目标的最多次数。
		TGMD-2	1. 儿童站在距墙6米远的地方，将球以单手高手的姿势用力砸向距地面5米高的墙上标志物。 2. 重复2次测试，记录关键动作环节的完成情况。
操控动作技能	双手向上抛球	自编项目3	1. 儿童以双手下手向前抛球动作，将直径为20.32~25.4厘米的球，抛向2米远、高1.5米的标志。 2. 尝试6次，记录抛过高1.5米的标志的次数。
		自编项目4	1. 儿童以双手下手抛球动作，将直径为20.32~25.4厘米的球，抛向2米远、悬挂高1.5米的呼啦圈内。 2. 儿童尝试6次，记录抛过高1.5米的呼啦圈的次数。

稳定性技能包括平衡木和沿直线走2个动作技能。平衡木的3个预备动作技能分别来自Athletic Skills Track、国民体质监测以及MOBAK-KD。沿直线走的3个预备动作技能分别来自MABC和BOT-2（见表2-12）。

表 2-12 稳定性动作技能测试项目池

类别	动作	来源	测试方法
稳定动作技能	走平衡木	Athletic Skills Track	1. 儿童在两条连在一起的 335 厘米长条凳子上行走。 2. 在行走过程中触摸绑在两条长凳上的 6 个缎带。 3. 测试 2 次，记录幼儿最快通过时间。
		国民体质监测	1. 儿童在至少为 6 米的平衡木上，在听到"开始"口令后，双手侧平举快速通过 6 米终点线。 2. 测试 2 次，记录幼儿最快通过时间。
		MOBAK-KD	1. 儿童在 3 米的长凳上行走，正着向前走触摸 3 米远的终点线后，向后倒退走，退回终点线（不转身）。 2. 测试 2 次，记录幼儿向前走向后走的最快时间。
	沿直线走	MABC	1. 儿童两臂平举，抬起脚跟沿直线走 15 米，脚尖必须走在线上。 2. 测试 2 次，记录儿童正确且连续踮脚走的步数。
稳定动作技能	沿直线走	BOT-2	1. 双手叉腰，自然走过 3 米的直线，最多走 6 步。 2. 如若途中步子未在线上、双手未叉腰、绊倒或跌倒则停止测试。 3. 测试 2 次，记录走在直线上的步数。
		BOT-2	1. 双手叉腰，脚跟连着脚尖走过 3 米的直线，最多走 6 步，且每一步都是脚尖连脚跟。 2. 如若途中步子未在线上、双手未叉腰、绊倒或跌倒则停止测试。 3. 测试 2 次，记录走在直线上的步数。

2. 测试项目的筛选

根据建立好的项目池，本研究制定了"3~6 岁儿童动作技能测试方法筛选"的专家问卷。在专家的选择上，将范围定在学前运动的教研员和具有幼儿运动教育实践经验的骨干学前教师集体，这一群体对幼儿动作技能发展、对幼儿园运动教育实践和幼儿评价有着丰富的经验和独特的认识。为了使填写问卷的一线骨干教师和教研员能够快速、精准地选择与幼儿运动实践相适宜的测试项目，本研究参考《量表编制：理论与应用》中建议的方法，请专家以"低、中、高" 3 个等级对 27 个测试项目与测试目标的相关程度进行评价①,以"高"相关程度百分比最高的测试项目入选。如果 2 个测试项目都出现"高"相关程度百分比一致,则选择"中"相关百分比靠前的测试项目。

"3~6 岁儿童动作技能测试方法筛选"专家问卷共邀请 30 名专家进行填写,有 29 名专家完成了问卷填写,其中男性 13 名,女性 16 名,专家教龄均在 6 年以上。教龄在 10 年以上的占 72.41%。

如表 2-13 所示,在位移技能方面,专家对快跑项目的高分评价中,测试项目"10 米折返跑"的高分占比最高,为 58.62%,这表明专家对快跑测试项目"10 米折返跑"的认可度较高,因此选择快跑测试项目"10 米折返跑";专家对双脚连续向前跳项目的高分评价中,测试项目"双脚跳垫子"的高分占比最高,为 68.97%,因此选择双脚连续向前跳测试项目"双脚跳垫子";专家对单脚连续向前跳项目的评价中,测试项目"3 米单脚跳"的高分占比最高,为 65.51%,因此选择单脚连续向前跳测试项目"3 米单脚跳";专家对钻爬项目的高分评价中,测试项目"前后折返爬"的高分占比最高,为 68.96%,因此选择钻爬测试项目"前后折返爬"。

在操控技能方面,专家对拍球的高分评价中,测试项目"单手连续拍""双手连续拍"的占比分别为 58.63% 和 58.62%,因此暂定选择拍球测试项目自编 1 和测试项目自编 2,之后再通过对测试项目的小范围试用选择出最优的测试方法;专家对单手前掷沙包的高分评价中,测试项目"1.5 米单手前掷"的高分占比最高,为 44.83%,因此选择单手前掷沙包测试项目"1.5 米单手前掷";专家对向上抛球的高分评价中,测试项目"自编 3"的高分占比最高,为 65.52%,因此选择向上抛球测试项目"自编 3"。

在稳定技能方面,专家对走平衡木的高分评价中,测试项目"摸缎带走平衡木"的高分占比最高,为 55.18%,因此选择走平衡木测试项目"摸

---

① 罗伯特·F. 德威利斯. 量表编制:理论与应用[M]. 席仲恩,杜钰,译. 3 版. 重庆:重庆大学出版社,2016:107.

缎带走平衡木"；专家对沿直线走的高分评价中，测试项目"踮脚走"的高分占比最高，为55.17%，因此选择沿直线走测试项目"踮脚走"。

最终，通过专家对动作技能的测试方法进行适宜性评价，在位移技能方面，选择快跑测试项目"10米折返跑"、双脚连续向前跳测试项目"双脚跳垫子"、单脚连续向前跳测试项目"3米单脚跳"、钻爬测试项目"前后折返爬"；在操控技能方面，选择拍球测试项目"单手连续拍"和测试项目"双手连续拍"、单手前掷沙包测试项目"1.5米单手前掷"、向上抛球测试项目"自编3"；在稳定技能方面，选择走平衡木测试项目"摸缎带走平衡木"、沿直线走测试项目"踮脚走"（见表2-13）。

表2-13 测试项目专家筛选结果（频数/占比）

类别	动作	测试项目	适宜程度			最终入选项目
			低	中	高	
位移技能	快跑	10米折返跑	2（6.9%）	10（34.48%）	17(58.62%)	10米折返跑
		5米正倒退跑	20(68.97%)	6（20.69%）	3（10.34%）	
		15米快速跑	1（3.45%）	12（41.38%）	16（55.17%）	
	双脚连续向前跳	双脚跳垫子	3（10.34%）	6（20.69%）	20(68.97%)	双脚跳垫子
		双脚跳操圈	6（20.69%）	17（58.62%）	6（20.69%）	
		双脚跳沙包	6（20.69%）	10（34.48%）	13（44.83%）	
	单脚连续前跳	3米单脚跳	2（6.9%）	8（27.59%）	19（65.51%）	3米单脚跳
		4.6米单脚跳	1（3.45%）	19（65.52%）	9（31.03%）	
	钻爬	前后折返爬	7（24.14%）	2（6.9%）	20(68.96%)	前后折返爬
		快速爬	6（20.69%）	17（58.62%）	6（20.69%）	
		自编1	3（10.34%）	16（55.17%）	10（34.49%）	

表 2-13（续）

类别	动作	测试项目	适宜程度			最终入选项目
			低	中	高	
操控技能	拍球	单手连续拍	3（10.34%）	9（31.03%）	17（58.63%）	单手连续拍球
		自编 2	3（10.34%）	13（44.83%）	13（44.83%）	
		双手连续拍	8（27.59%）	4（13.79%）	17（58.62%）	
	单手前掷沙包	1.5 米单手前掷	6（20.69%）	10（34.48%）	13（44.83%）	1.5 米单手前掷
		1.8 米单手前掷	8（27.59%）	15（51.72%）	6（20.69%）	
		6 米单手前掷	9（31.03%）	8（27.59%）	12（41.38%）	
	向上抛球	自编 3	3（10.34%）	7（24.14%）	19（65.52%）	自编 3
		自编 4	3（10.34%）	18（62.07%）	8（27.59%）	
稳定技能	走平衡木	平衡木折返走	7（24.14%）	10（34.48%）	12（41.38%）	摸缎带走平衡木
		摸缎带走平衡木	3（10.34%）	10（34.48%）	16（55.18%）	
		平衡木快速走	13（44.83%）	7（24.14%）	9（31.03%）	
	沿直线走	踮脚走	7（24.14%）	6（20.69%）	16（55.17%）	踮脚走
		3 米快速走	5（17.24%）	12（41.38%）	12（41.38%）	
		脚跟接脚尖走	6（20.69%）	10（34.48%）	13（44.83%）	

第二节 评价标准的制定

评价标准是针对每个评价指标的分类做出具体规定，提出具体要求和说明，衡量评价对象达到评价指标要求的尺度，对什么是好、较好、一般、差的等级做出明确具体的描述和规定[1]。

本研究测试项目源自国际国内多个评价工具，评价类型和标准各不相同，如果沿用这些相同的评价标准，将不利于学前教师的高效使用，甚至

---

[1] 黄光扬. 教育测量与评价 [M]. 2 版. 上海：华东师范大学出版社，2012：117.

可能产生阻碍和疑惑。因此，本研究对测试项目重新制定评价标准。制定动作技能发展评价标准首先要确定2个取向：在评价内容上，对过程性评价和结果性评价的选择；在评价等级上，对常模参照和标准参照的选择。之后，再以此制定详细的评价标准。

一、过程性与结果性评价的协同

结果性评价是对成功完成动作技能的时间、距离、次数等结果进行定量记录，代表性的评价工具包括Mabc、BOT。过程性评价则更关注动作技能的表现，主要考查完成特定动作技能任务时，身体各部分表现出来的发展性特征[①]，代表性工具有TGMD。结果性评价简单易行，但缺乏对个体运动能力差异的敏感性；而过程性评价侧重对动作环节表现的观察，对评价者具有一定的专业要求，又比较耗时费力。近10年来，在教育背景下的一些动作技能评价工具开发，开始同时兼顾结果性与过程性2种类型的评价，例如：英国的The Dragon Challenge、美国的PMA、加拿大的CAMSA。开发者认为应用于教育情境的动作技能评估工具应兼顾过程性和结果性评价：过程性评价用于确定儿童个性化的发展水平，以便制定出适合儿童发展水平的运动教育计划与方案，而结果性评价则用于比较儿童在教育前和教育后的表现[②]，衡量儿童在教育方案结束时的进步[③]。开发者简化过程性评价的观察指标，选择最关键的2~3个动作环节表现，与技能

---

① Payne V, Isaacs L. Human Motor Development [M]. New York: Routledge, 2016: 524-525.

② Tyler R, Foweather L, Mackintosh K A, et al. A Dynamic Assessment of Children's Physical Competence [J]. Medicine & Science in Sports & Exercise, 2018, 50 (12): 2474-2487.

③ Gallahue D L, Donnelly F C. Developmental Physical Education for All Children. 4th ed [M]. Champaign, IL: Human Kinetics, 2007: 744.

表现的结果性评价相结合，综合评价儿童动作技能的发展水平。

一直以来，我国学前教育对儿童运动与健康领域能力发展的评价以定量的结果性评价为主，主要采用各幼儿园或各行政区教育管理部门自编的评价方案，以及不定期接受国民体质监测测试。2012年《3—6岁儿童学习与发展指南》颁布，对儿童动作技能发展提出专门要求后，学前教师对儿童动作发展定性评价的需求增加，学前教师希望在儿童区域运动和集体运动教学中能够"读懂"儿童的动作发展状况。一些学前教学研究人员也呼吁对儿童运动能力和动作技能评价不仅要进行结果性评价，更要加强过程性评价。针对学前教育这一评价需求，本研究对基本动作技能评价表的制定也选择过程性与结果性评价相结合的形式，权重为1∶1。学前教师能够根据过程性评价对儿童基本动作发展进行观察评价，同时能够依据结果性评价对儿童动作技能发展变化的程度做出判断。

过程性评价着重评价儿童完成基本运动技能时身体和各部分肢体表现的序列发展特征，命名为动作表现分，设定2个动作环节的完成特征，记为0～2分动作表现分；结果性评价关注儿童成功完成每个动作技能的次数、时间，命名为动作完成分，根据不同动作技能的测试方法，以成功完成动作的次数、完成动作花费的时间来计分，再转换为0～2分的动作完成分。最终每项基本动作技能总分为4分，9项技能共计36分。

二、常模参照和标准参照的选择

教育与心理测量根据评价分数解释的参照体系可分为常模参照测量和标准参照测量。常模参照测量与评价是将被试水平与测验常模相比较，以评价被试在团体中的相对地位的一种测量与评价类型。而标准参照测量与评价则是依据事先明确规定的知识能力标准而制定的，是将被试表现与既定的教育目标或行为标准相比较，以评价被试在多大程度上达到该标准，来区分某项知识和能力"掌握—未掌握，合格—不合格、能胜任—不能胜任"。由于这种测量与评价常常和教育目标连在一起，故也称目标参照测量与评价[①]。

对于选择常模参照还是标准参照的测评范式，本研究基于以下2个方面的考虑：首先，学前教育的宗旨，儿童早期具有自己独特的发展时间表，发展进程各不相同，有着自身的最佳发展区，不宜做幼儿间的横向比较。其次，根据我国《3—6岁儿童学习与发展指南》中健康领域对幼儿动作技能发展的要求，学前儿童基本动作技能发展关注的是掌握或未掌握，与标准参照的范式相一致。因此，本研究采用标准参照的范式，制定学前儿童基本动作技能发展评价的计分与等级标准。

三、评价内容与计分标准的确定

（一）动作表现分的形成

动作表现分是对儿童的动作各环节表现的评判，这一部分内容主要是基于基本动作技能发展序列特征。那么究竟选择哪些动作环节作为本研究学前儿童动作表现的考查指标呢？当前，对3~6岁学前儿童基本动作技能表征的系统研究较少，尽管国内外有些学者对此进行了探索，但有的成果仅针对某一个特定动作的儿童发展序列特征，有的研究对象的年龄跨度较大，本研究难以从中获得全面系统的理论支撑。为此，本研究查阅了各国体育课程标准及学前儿童发展指南，因为各国的体育课程指南从总体上概括了特定年龄段儿童动作技能发展的水平和要求。

从我国《3—6岁儿童学习与发展指南》来看，主要强调学前儿童能够

---

① 黄光扬. 教育测量与评价[M]. 2版. 上海：华东师范大学出版社，2012：35.

独立完成特定的动作技能，具体表述为"能够做出××动作"，除了对个别动作提出"能够身体平稳地完成动作"外，大部分动作技能没有对具体发展特征做出规定。加拿大、英国课程标准也没有对学前儿童运动能力水平的动作发展标准提出要求。美国2013版国家课程标准中，对包括学前阶段在内的各学年动作技能发展表现进行了较为清晰的勾画，其中涉及了幼儿园儿童（6岁）的学年基本动作技能学习表现。美国基本动作技能研究开始较早，积累丰富，体育课程标准中以最新研究成果和教育经验为支撑[①]，换言之，学年动作技能发展表现代表的是对制定年龄段基本动作技能发展研究成果的整合。这为本研究全面理解学前儿童基本动作技能发展水平提供了参考，为了更清晰地反映学前儿童阶段在整个基本动作技能动作发展序列中的位置和特征，以及与小学阶段发展水平的区别，本研究梳理了K-5（幼儿园到小学）时期的基本动作技能的学年表现。

  基本动作技能的形成分为初始、显现和成熟3个阶段，当儿童能够在运动情境中正确表现出动作的全部5个关键要素，进入动作成熟阶段（M），在此之前为显现阶段（E）。美国国家课程标准还增加了应用阶段（A），儿童能够完成动作全部要素，并在运动情境中有效运用，则进入应用阶段。由表2-14可见，学前阶段为基本动作技能的显现阶段，小学一年级以后各项动作技能才开始逐步成熟，学前儿童并不能表现出所有5个标准的动作序列。这也是为什么当前国际上兼顾过程评价与结果评价的3~6岁儿童基本动作技能评价工具，对动作表现的过程性考查指标仅设置2~3个的原因。据此，本研究将动作表现分的考查指标定为2个，一方面符合该年龄儿童基本动作技能发展的实际，另一方面也避免过多的指标增加学前教师评价的工作负担。

[①] 汪晓赞，尹志华，Lynn Dale Housner，等. 美国国家体育课程标准的历史流变与特点分析[J]. 成都体育学院学报，2015，41（2）：8-15.

表 2-14　幼小阶段主要动作技能发展的范围与序列

技能	动作		学前	1年级	2年级	3年级	4年级	5年级
位移技能	单脚跳		E	M	A	—	—	—
	连续并步跳（小马跳）		E	M	A	—	—	—
	侧滑步		E	M	—	—	—	—
	跑		E	—	M	A	—	—
	连续跑跳步		E	—	M	A	—	—
	双脚向上、向前跳起和落地		E	—	—	M	A	—
	跨步跳			E	—	M	A	—
稳定技能	纵向旋转和伸展		E	—	M	—	—	A
	平衡		E	—	—	M	—	A
	滚翻		E	—	—	—	—	M
	扭转和曲体			E	M	—	—	A
	重心移动			—	E	M	—	—
操控技能	运球	手拍球	E	—	—	—	M	A
		脚盘球	E	—	—	—	—	M
	投掷	下手投	E	—	M	—	—	—
		上手掷	E	—	—	—	—	M
	双手接		E	—	—	—	M	A
	踢		E	—	—	—	M	—
	击球		E	—	—	—	M	A
	空中击球	下手击球	E	—	—	—	M	A
		上手传球		—	—	—	E	—

注：E：技能显现；M：技能成熟；A：技能应用；阴影部分：此学年不强调该技能（资料来源：节选于《美国国家体育课程标准与学年学习成果表现》）。

具体到基本动作技能各维度的表现，课程标准对学前儿童各项位移动作的要求均为"在平衡的状态下完成动作"（见表 2-15），并没有强调肢体的动作表现细节。位移动作在运动过程中有腾空、两脚交替支撑，需要具备一定的动态平衡能力，否则儿童动作技能提高受到限制。平衡取决于内耳前庭器官与视觉、触觉和动觉系统的协调控制，学前阶段儿童感觉系统得到快速发展，为平衡能力的提高创造了物质基础。在学前阶段强调位移动作的平衡状态,既符合学前儿童生理心理发展特征,又能够为后续小学阶段成熟位移动作模式的形成奠定基础。因此,本研究对位移技能动作表现分的制定,旨在于制定能够反映"能够在平衡的状态下完成动作"指标,这也符我国《3—6岁儿童学习与发展指南》动作发展所强调的"能够做出××动作"以及"能够身体平稳地完成动作"的发展要求。

在操控动作方面,与位移动作技能不强调"成熟模式"的肢体动作环节不同,操控动作在学前阶段已有部分动作要求表现出"成熟模式"的关键要素,涉及需要身体左右两侧肢体协调配合,并伴有躯干扭转的"下手抛、踢、上手抛"等动作,例如下手抛动作要求"投掷手的对侧脚向前跨出一步下抛球"(见表2-16)。这提示我们,对于学前儿童操控动作的评价,可以提出一些有关肢体动作表现的要求。一方面儿童完成操控动作时,基本处于静态,尤其是完成向外投射动作时,需要身体整合处理的外界复杂因素少,相对容易。另一方面,根据我国学者对儿童操控技能发展特征的研究,学前儿童阶段能够表现出一定的操控动作的肢体环节[1]。为此,本研究对操控动作表现的标准制定,侧重于对肢体动作表现的评价。

在稳定性技能方面,美国课程标准以及现有资料中,并没有详细的论述。本研究认为,稳定性动作技能的本质是要求学前儿童在动的过程中学会对重心的控制,体现出静态和动态的平衡能力,因此,对稳定性技能的动作表现评价,也以制定"能够在平衡的状态下完成动作"指标为主。

---

[1] 王丽霞. 3-11岁儿童击打高远球动作发展特征研究[D]. 石家庄:河北师范大学,2016.

表 2-15　幼小阶段主要位移动作技能的学年表现

动作	学前	1年级	2年级	3年级	4年级	5年级
单脚跳 小马跳 侧向并步	平衡状态下完成动作	成熟动作模式★	—	—	各种小范围的练习运动任务中，运用位移动作	瞄准类的球类运动条件下，将位移动作与操控动作组合
跑跳步	平衡状态下完成动作	成熟动作模式★	—			
跑	适宜发展		成熟动作模式★显现出慢跑与冲刺跑的区别★	跑与冲刺跑的区别	运用成熟的模式进行远距离跑	运用适宜节奏完成各种距离跑
向上、向前跳起和落地	平衡状态下跳起落地	5个关键要素中的2个	5个关键要素中的4个	成熟动作模式★	特定运动中，应用助跑、起跳、落地	在动态练习任务、环境中将起跳、落地与操控动作组合
跨步跳	3年级之前不强调			成熟动作模式★		

注：★：该学年达到动作的"成熟模式"（资料来源：基于美国国家体育课程标准与学年动作技能学习成果表现（K—5）的整理）。

表 2-16　幼小阶段主要操控动作技能的学年表现

动作技能		学前	1年级	2年级	3年级	4年级	5年级
运球	手拍球	单手拍球2次	利用优势手连续拍球	利用优势手以成熟模式，边走边拍球★	在慢到中速跑中连续拍球	用优势与非优势手，以成熟模式，行进间变速运球	在一对一的对抗练习中，将运球与其他技能相结合
	脚盘球	脚内侧向前带球，向前传出	行进间脚内侧盘球	控制身体和球的情况下盘带球★	在慢到中速跑中连续带球	行进间变速带球	

表 2-16（续）

动作技能		学前	1年级	2年级	3年级	4年级	5年级
抛	下手抛	投掷手的对侧脚向前跨出一步下抛球	表现出5个关键要素中的2个	用成熟的模式下手抛★	准确地将球抛向同伴或目标	应用技能	运用成熟的动作模式抛出大小不同的物体，精确地投向一个较大目标
	上手抛	适宜发展，直到2年级时显现出关键要素	—	表现出5个关键要素中的2个	表现出5个关键要素中的3个	成熟的动作模式。在适宜距离内，准确地将物体抛向同伴或目标★	
接		拍球并抓住；接住娴熟抛球者抛过来的大球	自抛自接，或接娴熟抛球者的各种大小的球	用双手接住自抛或对面抛来的大球，不能用手臂或身体辅助	接住同伴抛来的手掌大小的球，表现出成熟模式5个关键要素中的4个	在封闭性动作情况下，运用成熟的动作模式，在头上，胸前，腰间以腰部以下接球★	准确地接住移动中同伴抛来的球；在小型对抗任务中合理精准地接住球
踢		静止姿势下踢固定球，表现出5个关键要素中的2个	助跑踢固定球，表现出成熟模式5个关键要素中的2个	连续助跑踢移动球，表现出成熟模式5个关键要素中的3个	连续助跑踢地滚球和空中球，表现出成熟模式5个关键要素中的4个	运用成熟模式踢地滚球和凌空球★	小型对抗任务中表现出踢和抽射动作的成熟模式
击		向上拍击轻重量物体	用短柄器材向上击球	用短柄器材连续向上击打并命中物体	连续对墙击球，击球过低网，表现出成熟模式5个关键要素中的3个	表现出成熟动作模式，对墙击球与同伴交替击球过网★	在竞争与合作游戏环境中，连续对墙击球或与同伴连续击球过网

注：★：该学年达到动作的"成熟模式"（资料来源：基于美国国家体育课程标准与学年动作技能学习成果表现（K-5）的整理与节选）。

根据以上分析，本研究收集了国内外现有基本动作技能评价方案中针对 3～6 岁儿童的动作相关要求，提取相应的评价描述，结合国内学者对我国 3～6 岁儿童部分基本动作技能发展特征的研究成果，经由 16 名学前运动实践骨干教师的 2 次头脑风暴与讨论，最终确定 9 个基本动作技能的各 2 个动作表现为评价内容（见表 2-17）。

（二）动作完成分的制定

以标准参照的方式确定动作完成分的范围区间，对儿童的基本动作技能进行结果性评价。标准参照范式，需要对决定学生"掌握—未掌握，能胜任—不能胜任"提供一个适宜的成绩"切断点"，即临界分数。根据教育测量与评价相关理论，确定成绩"切断点"的方法主要有 3 种形式：①正确百分数，即以答对题目的比例作为切分点；②掌握分数，即确定一个最低通过标准；③内容等级分数，将成绩分成若干差别明显的等级水平[1]。

根据上述 3 个标准参照成绩"切断点"的形式，本研究将 9 个项目原有的定量计分成绩转换为 2 分的动作完成分。

双脚跳垫子、3 米单脚连续跳、折返爬、连续拍球 4 项，成功完成 1 次测试记 1 分，2 次测试，最高得 2 分。

10 米折返跑、1.5 米单手前掷沙包、双手上抛球、平衡木摸线走 4 项，将原始成绩切分为 0、1、2 共 3 个等级分。10 米折返跑原始成绩首先按国民体质监测各年龄段成绩转换为 1～5 档，再转换为本研究的等级分，1 档 0 分；2～3 档 1 分；4～5 档 2 分；1.5 米单手前掷沙包和双手向上抛球，0～2 次命中为 0 分，3～4 次命中为 1 分，5～6 次命中得 2 分。平衡木摸线走，首先采集了 133 名 3～5 岁幼儿的原始数据，将 20、40、60、80 共 4 个百分位切分为 5 个档次，分别为：5 分（7.6 秒以下）、4 分（7.61～9.00 秒）、3 分（9.01～10.8 秒）、2 分（10.9～13.1 秒）、1 分（13.2 秒以上）。再转换为等级分，1 档 0 分；2～3 档 1 分；4～5 档 2 分，与 10 米折返

---

[1] 黄光扬. 教育测量与评价 [M]. 2 版. 上海：华东师范大学出版社，2012：155.

跑计分方式相似。20、40、60、80百分位对应切分成绩档，与最终534个大样本进行均数检验，没有显著差异。

踩脚走线原始成绩以15步为满分，本研究采用确定掌握分数的方法，以9步为最低通过标准，正确踩在线上9步及以上记1分，8步及以下记0分。测试2次，合计2分（见表2-17）。

表2-17　3～6岁幼儿基本动作技能评价标准

类别	项目名称	动作表现分（2分）	动作完成分（2分）	单项分	量表分
位移动作技能	10米折返跑	1. 臀部（身体横轴）与跑步方向保持垂直 2. 两臂弯曲于体侧，前后摆动	按照国民体质监测各年龄段档次分折算，1档0分；2-3档1分；4-5档2分	4	16分
	双脚跳垫子	1. 没有垫步和额外的跳跃 2. 起跳和落垫时双脚并拢	每成功完成1次，记1分，测试2次，共2分	4	
	3米单脚跳	1. 非支撑腿弯曲于身体后方 2. 两臂弯曲于体侧，保持平衡	左右脚均跳完3米为成功1次，记1分，测试2次，共2分	4	
	折返爬	1. 对侧手脚交替向前移动 2. 头部动作基本保持稳定	向前向后爬，身体不超出垫子，则记1分，测试2次，共2分	4	
操控动作技能	单手连续拍	1. 拍球时，有前臂积极下压球主动发力的动作 2. 接球时，不借助身体或手臂的辅助，用双手接住球	连续拍球4次以上，并双手将球接住，为成功1次。成功1次记1分，测试2次，共2分	4	12分
	1.5米单手前掷	1. 投掷手置于头后方 2. 投掷手的对侧脚向前跨出一步	0-2次命中得0分，3-4次命中得1分，5-6次命中得2分	4	
	双手向上抛球	1. 自下向上抛球 2. 双手于腹前将球抛出	0-2次命中得0分，3-4次命中得1分，5-6次命中得2分	4	

表 2-17（续）

类别	项目名称	动作表现分（2 分）	动作完成分（2 分）	单项分	量表分
稳定性动作技能	平衡木摸线走	1. 通过手臂动作辅助保持平衡	踩在线上 9 步及以上记 1 分，8 步及以下记 0 分。测试 2 次，合计 2 分	4	8 分
		2. 行走与摸缎带之间衔接流畅，无明显停顿			
	踮脚走线	1. 通过手臂动作辅助保持平衡	每成功完成 1 次，记 1 分，测试 2 次，共 2 分	4	
		2. 身体没有明显晃动			
合计		—	—		36 分

第三节 评价表初稿的试用与确定

根据评价量表的制作步骤，评价表初稿制作完成后，要经过一定数量被试的试用，对每一个测试项目的表现进行评价，最终确定组成量表的项目。为此本研究在 2 所幼儿园进行了评价表的试用及质量检验。

一、实验对象

根据被试：项目 =5：10 的标准[①]，确定评价表试用阶段的样本量。选择 2 所公办幼儿园，每所幼儿园抽取了大中小班各 1 个班，共计 6 个班，每班约 25 人，共计样本 133 个，测试项目 9 个，被试与项目比为 15：1。实验对象性别、年龄段比例见表 2-18。

---

① 罗伯特·F. 德威利斯. 量表编制：理论与应用［M］. 席仲恩，杜钰，译. 3 版. 重庆：重庆大学出版社，2016：167.

表 2-18 评价表试用阶段实验对象的基本情况

变量		频数
性别	男	67
	女	66
年龄	3.0–3.4	3
	3.5–3.9	22
	4.0–4.4	18
	4.5–4.9	26
	5.0–5.4	26
	5.5–5.9	23
	6.0–6.5	15

二、实验过程

测试数据的采集由 4 名测试员完成。测试前，对测试员进行培训，包括对测试项目内容、测试流程、测试组织和测试指导语、评分方式等的培训。测试时 2 名测试员为一组，一名测试员进行组织，给予幼儿讲解示范，对结果性评价进行计时、计数；另一名测试员进行录像，并将结果性评价成绩记录在记分纸上。当天测试结束后，由 2 名记录员对幼儿基本动作技能的过程性评价进行记分。

三、测试项目的评价

（一）各年龄段适用性检查

在试用阶段测试过程中，位移和稳定性动作技能的各项测试，各年龄段儿童大部分都能够顺利完成，完成的结果和表现具有一定差异和区分度。

但是，在操控技能的连续拍球和单手前掷沙包 2 个动作上，小班幼儿（3.0 岁和 3.5 岁 2 个年龄段）的完成存在困难，几乎所有的小班幼儿无法连续拍球，无法上手将沙包击打至 1.5 米外的墙上。小班幼儿此类动作技能表现提示我们，这 2 个动作对于小班幼儿来说难度偏高。为此，我们查阅了国内外的相关资料，以期找到理论支撑，包括《指南》、国外学前儿童大肌肉动作学习与发展的教师指导用书、幼儿身体与运动发展理论等著作、文献。

首先，我们发现所有教学参考书和指南上，在学前儿童 3～4 岁阶段并没有"拍球"动作的学习内容和目标。其次，上手投掷技能是儿童 4 岁时逐渐显现的里程碑动作[1]，部分教学指南主要针对 4～5 岁儿童的上手抛球技能做出要求，3～4 岁阶段仅要求能够下手抛球给成人[2]。此外，从幼儿身体和生理发育来说，4 岁是幼儿运动发展的一个关键时期，幼儿进入 4 岁以后，肌肉、骨骼、神经系统等综合能力迅速发展，能进行非常复杂的身体活动[3]。换言之，4 岁以前儿童的身体生理发育决定了其不能做出稍显复杂的动作。Petty K.（2016）在描述儿童早期发展里程碑时提及："4 岁儿童的运动里程碑包括发展跑、跳、单脚跳、扔和爬的能力[4]"，其中操控技能中仅涉及上手扔的动作。此外，本研究在课题研究前期多次深入幼儿园进行观察，发现在幼儿园的区域集体活动中，3 岁幼儿多以原地运动动作（如摆动、转动、摇动或扭转）、简单的移动运动（如步行、攀爬、跑步）为主。此外，我国研究者黄嘉琪认为：下手抛球动作是儿童最早发

---

[1] Petty K. Developmental Milestones of Young Children [M]. St Paul, MN: Redleaf Press, 2016.

[2] Smith J. Activities for Gross Motor Skills Development [M]. CA: Teacher Created Resources, 2016.

[3] 柳倩，周念丽，张晔. 学前儿童健康学习与发展核心经验 [M]. 南京：南京师范大学出版社，2016.

[4] Petty K. Developmental Milestones of Young Children [M]. St Paul, MN: Redleaf Press, 2016.

展且掌握较好的器械操控动作，双手接球和单手持拍击球动作属于中等难度项目，上手投球与双手持棒击球动作则一直是3～6岁儿童的发展劣势项目，原地拍球发展较为滞后，至大班才逐渐掌握[①]。

基于以上原因，本研究认为在3.0岁和3.5岁2个年龄段，不宜向幼儿提出拍球和上手前掷动作的评价，因此将连续拍球和上手前掷沙包2个动作和测试项目从3～4岁儿童评价表中删除。此外，由于3岁幼儿与4岁以上幼儿运动能力的较大差异，本研究也在预试验中对双手上抛球动作难度进行了反复调整，最终将原有2米远、1.5米高的击打目标，降低为1米远、1米高，以更好地适应3岁幼儿的实际能力。

（二）测试项目分析

经典测量"真分数理论"认为，项目之间的相关系数越高，项目的信度就越高，即项目与真分数之间的关系越密切。因此，对测试项目质量的检查首先看项目相关系数，每个项目都应该反映除自己之外的其他项目所表现的共同特征，为此，我们将项目—量表相关性作为测试项目品质的第一个指标。

项目品质检验的第2个指标为项目变异方差，如果受试对象在某个测试项目得分上差异很大，那么意味着项目成绩的总分也应该差异很大，项目变异方差也很大。一般来说，差异方差大于20%才能够进入最终量表，变异系数小于20%的测试项目应该被删除。

项目品质检验的第3个指标为项目平均值偏离。项目平均分越靠近分数全距的中心越好。如果项目平均分越靠近分数全距两端，变异方差就越小，该项目与其他项目之间的相关性也较差。

从测试结果看，初稿的9项测试项目，变异系数均超过0.20，最小为

---

① 黄嘉琪. 3-6岁儿童器械操控能力发展研究[D]. 上海：华东师范大学，2019.

快跑 0.24，最大为拍球 0.51；评价项目与其维度得分的相关性处于中高度相关，且在 0.01 水平上差异具有显著性，最小为走平衡木 0.616，最大为走直线 0.854。从项目平均分看，基本处于分数的中心值 2.00。最靠近中心分数的是平衡木，最远的是双肢连续跳（见表 2-19），其中快跑、双脚连续跳、钻爬 3 个项目的平均分超过了 3.00，但与中心分数的差距没有超过 2 个标准差[①]，可以保留。因此，测试项目初步检查的结果是所有 9 项测试项目都可以被纳入评价表终稿。

表 2-19 测试项目的试用阶段数据

维度	测试项目	平均分 ± 标准差	变异方差	项目—量表相关
位移动作	快跑	3.02 ± 0.73	0.24	0.662**
	双脚连续跳	3.17 ± 0.99	0.28	0.715**
	单脚连续跳	2.97 ± 0.92	0.31	0.627**
	钻爬	3.12 ± 0.90	0.29	0.725**
操控动作	拍球	2.60 ± 1.32	0.51	0.781**
	单手前掷沙包	2.24 ± 1.32	0.44	0.790**
	双手向上抛球	2.26 ± 1.04	0.46	0.691**
稳定性动作	平衡木	1.93 ± 0.68	0.35	0.616**
	走直线	2.56 ± 0.97	0.28	0.854**

除了上述项目—量表相关性、变异方差、平均值偏离检验外，本研究进一步通过探索性因素分析的因素负荷量大小对测试项目进行诊断。首先对数据的共变关系进行检测，KMO 和巴特利特球形检验显示，KMO 统计量为 0.670，约等于 0.7，巴特利特球形检验的卡方值近似为 111.847，自由度为 36，P 值为 0.000，小于 0.01，因此本研究的样本可以进行因子分析[②]。

[①] 邱皓政. 量化研究与统计分析 SPSS 中文视窗版数据分析范例解析[M]. 重庆：重庆大学出版社，2009：314.

[②] 吴明隆. 问卷统计分析实务 SPSS 操作与应用[M]. 重庆：重庆大学出版社，2010：217.

首先对 9 项测试项目的共同性进行分析，如果测试项目萃取后共同系数低于 0.2，此时因子负荷小于 0.45，则考虑将该项目删除[①]。经由主成分法抽取共同因素，9 项测试项目萃取后共同系数均大于 0.2，因子负荷皆大于 0.45（见表 2-20）。

表 2-20 测试项目的共同系数与因子负荷

类别	项目	起始	萃取	因子负荷
位移动作	快跑 1	1.000	0.296	0.543
	双脚跳 1	1.000	0.354	0.604
	单脚跳 1	1.000	0.322	0.571
	钻爬 1	1.000	0.435	0.660
操控动作	拍球 1	1.000	0.380	0.629
	单手沙包 1	1.000	0.486	0.722
	双手抛球 1	1.000	0.379	0.628
稳定性动作	平衡木 1	1.000	0.218	0.463
	沿直线走 1	1.000	0.240	0.484

关于因素数量的萃取，通过主轴因子萃取陡坡图显示，直线在成分 3 以后趋向平缓，此前下降较为剧烈，说明 9 个动作提取 3 个因子较为合适。（见图 2-2）。

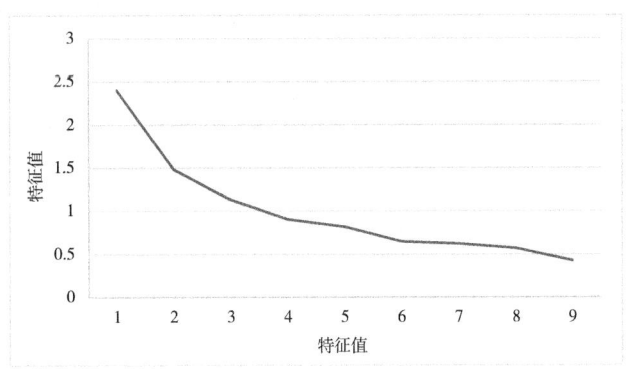

图 2-2 因素萃取个数陡坡图

---

① 吴明隆. 问卷统计分析实务 SPSS 操作与应用 [M]. 重庆：重庆大学出版社，2010：220.

经主成分萃取法，3个因子累计解释方差变异为55.76%，说明因素负荷量非常理想[①]。其中因子1的特征值为2.403，解释方差百分比为26.696%，累积方差比为22.684%；因子2的特征值为1.484，解释方差百分比为16.493%，累积方差比为42.230%；因子3的特征值为1.131，解释方差百分比为12.570%，累积方差比为55.760%（见表2-21）。

表2-21 测试项目的探索性因素分析矩阵

项目	因子		
	1	2	3
钻爬	0.751	—	—
双脚跳	0.708	—	—
单脚跳	0.681	—	—
快跑	0.656	—	—
单手前掷沙包	—	0.830	—
拍球	—	0.705	—
双手向上抛球	—	0.678	—
走平衡木	—	—	0.704
沿直线走	—	—	0.676
特征值	2.403	1.484	1.131
解释方差比/%	26.696	16.493	12.570
累积方差比/%	22.684	42.230	55.760

根据因子矩阵的探索性因子分析结果可以判断各个动作的因子归属，钻爬、双脚跳、单脚跳、快跑这4个动作属于因子1，其中钻爬因子荷载为0.751、双脚跳因子荷载为0.708、单脚跳因子荷载为0.681、快跑因子荷载为0.656，其因子荷载均大于0.6，这与最初将这4个动作归为位移动作这一维度一致。

单手前掷沙包、拍球、双手向上抛球属于因子2，其中单手前掷沙包

[①] 吴明隆. 问卷统计分析实务 SPSS操作与应用［M］. 重庆：重庆大学出版社，2010：232.

因子荷载为 0.830、拍球因子荷载为 0.705、走平衡木因子荷载为 0.678，其因子荷载均大于 0.6，这与最初将这 3 个动作归为操控动作这一维度一致。

走平衡木、沿直线走属于因子 3，其中走平衡木因子荷载为 0.704、沿直线走因子荷载为 0.676，其因子荷载均大于 0.6，这与最初将这 2 个动作归为稳定性动作这一维度一致。

四、测试项目的确定

经过评价表的小范围试用和测试项目分析，本研究确定了评价表终稿的测试项目。按年龄分组，3 岁儿童测试除单手前掷沙包、连续拍球之外的 7 个项目，4 岁、5 岁儿童测试 9 个项目，包括 4 个位移技能项目、3 个操控技能项目、2 个稳定性技能项目（见表 2-22）。

表 2-22　进入终稿的各年龄段测试项目

类别	测试项目	年龄段						
		3.0	3.5	4.0	4.5	5.0	5.5	6.0
位移技能	钻爬	√	√	√	√	√	√	√
	双脚跳	√	√	√	√	√	√	√
	单脚跳	√	√	√	√	√	√	√
	快跑	√	√	√	√	√	√	√
操控技能	单手前掷沙包	—	—	√	√	√	√	√
	连续拍球	—	—	√	√	√	√	√
	双手向上抛球	√	√	√	√	√	√	√
稳定性技能	走平衡木	√	√	√	√	√	√	√
	沿直线走	√	√	√	√	√	√	√

第三章 3~6岁幼儿基本动作技能评价表的应用与检验

第一节 测试对象与方法

一、测试对象与抽样

本研究以上海市公立幼儿园3~6岁幼儿为测试对象，测试对象的抽取采用分层抽样方法。首先，依据上海行政区中心城区与周边郊区的比例，抽取了徐汇区、普陀区2个中心城区，闵行、松江、嘉定、崇明4个周边城区为本次抽样的区域。原则上在每个行政区抽取1所幼儿园（由学前教育教研员推荐），共抽取8所幼儿园（闵行区3所），每所幼儿园随机抽取大中小班各1个班，对每个班的全体幼儿进行测试。最终完成所有9个项目测试的样本共计534人（男童283名，女童251名），男女性别比为112.7。根据2017年全国第五次人口普查数据，2017年上海市1~4岁儿童（现4~8岁儿童群体）性别比为110.2[①]，本研究将2个性别比进行适

---

① 中国各省市婴幼儿男女比例（360doc.com），计算方法是：婴儿性别比=某时点1周岁以内的男婴÷该时点1周岁以内的女婴数×100%；参考资料见：https://baike.baidu.com/item/%E6%80%A7%E5%88%AB%E6%AF%94/1602145，http://www.nhc.gov.cn/guihuaxxs/s3586s/202310/5d9a6423f2b74587ac9ca41ab0a75f66.shtml。

合性度检定，经卡方检验，卡方值为 0.212，P 值为 0.645，大于 0.05，表明抽样性别比与上海市 4～8 岁人口性别比相符，样本具有代表性。

测试儿童年龄的测算，以测试当天的年、月、日减去幼儿出生的年、月、日，计算出幼儿的足月龄。计算时，每个月均以 30 天计算，计算结果余下的天数，凡满 15 天以上者，按一个月计算。再将足月龄以每 6 个月为间隔，将受试儿童按年龄划分到 6 个年龄组。如表 3-1 所示，受试对象除 3.0～3.4 岁组儿童人群较少外，其他 5 组都有 67～100 人数不等的幼儿样本数量。测试对象具有较好的年龄覆盖。

表 3-1 应用阶段测试对象的基本情况

	变量	样本数
性别	男	283
	女	251
年龄	3.0–3.4	16
	3.5–3.9	67
	4.0–4.4	93
	4.5–4.9	100
	5.0–5.4	90
	5.5–5.9	93
	6.0–6.5	75

二、测试过程与方法

测试前，将 9 项测试项目拍摄成视频发送给幼儿园测试点，得到幼儿园教师及学生家长的同意，并获得受试幼儿名单及基本情况。测试当天，由 4 名测试员实施测试。测试分为 2 个测试站点（一组测试位移技能，另一组测试操控技能和稳定性技能），受试幼儿每次 10 人进入测试场地，5 人为一组，依次完成本组测试内容后与另一组进行交换，全部完成 9 个项目后集体退场。除10米折返跑在走廊或室外运动场进行测试外，其他8个测试项目均在幼儿园的室内多功能活动室进行（见图3-1）。测试时，由1名测试员对幼儿进行示范讲解+组织测试+对幼儿动作结果进行计数+原始记录表填写；另一名测试员对幼儿动作表现进行摄像。测试结束后，4名测试员分别负责各自的测试项目，对幼儿的动作表现进行录像视频回看，根据计分标准进行打分和记录，并将幼儿动作表现和动作结果的原始分转换为4级点分数。一个小组测试的持续时间大约需要45分钟。

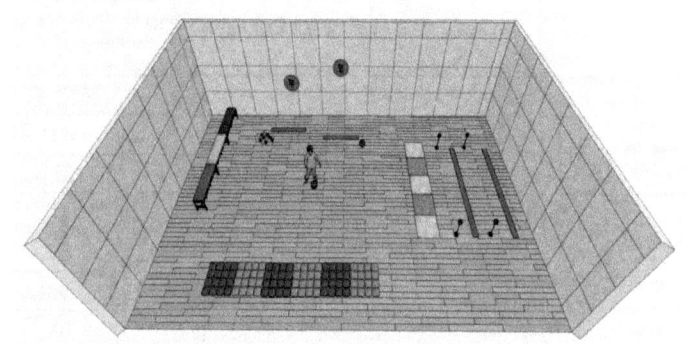

图3-1 测试场地器材安排示意图

第二节 评价表的效度

一、内容效度

内容效度的主要检定方法是逻辑判断法，依靠本学科专家根据所欲测量属性的定义和测量内容范围的界定，用逻辑分析的方法对测试题的性能是否能代表所测量的内容及教育目标做出判断，以便问卷和量表编制者修改测验，提高内容效度。如果在问卷和量表制定过程中，请专家共同参与撰拟测验题目，制定评分标准，则有助于提高内容效度，特别是各个领域的专家越多，内容效度的误差越容易被平均[①]。

本研究在评价表编制初期，请多领域专家参与了评价指标的选定、测试项目的选择，邀请的专家涉及从事幼儿运动实践研究的高校教授、博士生导师、学前教育教研员、运动特色幼儿园园长、幼儿运动教育骨干教师等，专家们具有深厚的幼儿运动发展的理论背景、丰富的幼儿运动实践经验，并且专家对评价指标和测试项目的选择具有较好的一致性。因此，本研究所制定的评价表具有较好的内容效度。

二、结构效度

结构效度是基于特定理论基础之上，验证测试工具能否测得既定特质，查核测量结果是否符合理论假设的内涵。本研究评价表的设计基于 Goodway 等对基本动作技能结构的界定[②]，包括位移技能、操控技能、稳定性技能 3 个维度，并以此编制了评价表。为检验评价表测试结果与理论模型的一致性，本研究运用 Amos 软件，对 534 名幼儿的位移、操控、稳定性 3 个维度各项目测试结果进行了验证性因子分析。

CFA 模型内在适配检验显示，3 个维度的组合信度分别为 0.793、0.781 和 0.645，根据 Bagozzi 和 Yi（1998）的建议，组合信度达到 0.60 即可；RaineEudy（2001）的研究指出组合信度达 0.50 时，测量工具在反映真分数时即可获得基本的稳定性[③]。从聚敛效度看，当平均方差萃取量 AVE 大

---

① 王孝玲. 教育测量 修订版［M］. 上海：华东师范大学出版社，2005：80-81.

② Goodway J D, Ozmun J C, Gallahue D L. Understanding Motor Development——Infants, Childern, Adolescents Adults（Eight Edition）［M］. Burlington, MA：Jones & Bartlett Learning, 2012：409.

③ 邱皓政. 量化研究与统计分析 SPSS中文视窗版数据分析范例解析［M］. 重庆：重庆大学出版社，2009：360.

于 0.5 时，表示潜变量的聚敛能力十分理想，具有良好的操作定义。由表 3-2 可知，本研究测试维度模型的 AVE 值近似于 0.5，因此具有较好的聚敛能力（见表 3-2）。

表 3-2　测试项目的收敛效度

维度	测试项目	参数显著性估计				题目信度		组合信度	收敛效度
		unstd	S.E.	C.R.	P	std	SMC	CR	AVE
位移	钻爬	1	—	—	—	0.681	0.464	0.793	0.490
	单脚跳	1.323	0.241	5.498	***	0.708	0.501		
	双脚跳	1.897	0.339	5.597	***	0.751	0.564		
	快跑	0.878	0.178	4.928	***	0.656	0.430		
操控	双手抛球	1	—	—	—	0.512	0.262	0.781	0.555
	单手沙包	1.215	0.214	5.677	***	0.878	0.771		
	拍球	0.889	0.181	4.903	***	0.795	0.632		
稳定	沿直线走	1	—	—	—	0.676	0.457	0.645	0.476
	平衡木	1.638	0.406	4.034	***	0.704	0.496		

注：unstd：非标准化系数；S.E.：估计标准误；C.R.：路径系数与其标准误的比值；std：标准化系数；SMC：多元相关平方；AVE：平均方差提取值；*** 代表 $p<0.01$。

从测试维度适配检验结果看，卡方值为 37.699（P=0.037），规范卡方值为 1.571，平均似然平方误系数 RMSEA 为 0.033，GFI（拟合优度指数）、AGFI（调整的拟合度指标）、CFI（比较拟合指数）、TLI（Tucker-Lewis 指数）、NFI（规范拟合指数）均大于 0.9，SRMR 为 0.036，小于 0.08，所有指标均符合标准，表明基本动作技能模型具有良好的适配度（见图 3-2、表 3-3）。

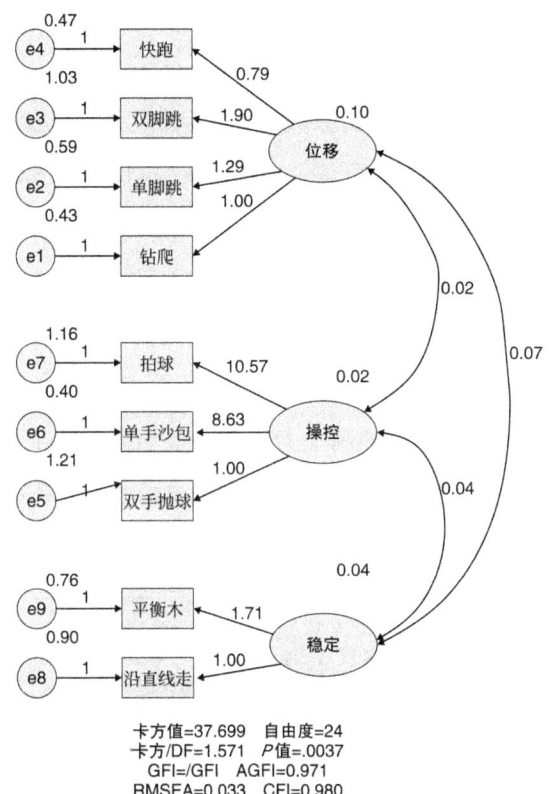

图 3-2 验证性因子分析模型

表 3-3 测试维度的模型适配度

指标	模型适配度	标准	结果
Chi-square	37.699	越小越好	—
自由度	24	越大越好	—
卡方/自由度	1.571	<3	符合标准
GFI	0.985	>0.9	符合标准
AGFI	0.971	>0.9	符合标准
RMSEA	0.033	<0.08	符合标准
SRMR	0.036	<0.08	符合标准
CFI	0.980	>0.9	符合标准
TLI	0.971	>0.9	符合标准
NFI	0.949	>0.9	符合标准

三、效标关联效度

效标关联效度是评价表测验分数与效度标准之间的相关系数，以此来表现评价有效性的高低。效标关联效度检验的核心问题是效标的选择。粗大动作发展测试量表（Test of Gross Motor Development，TGMD-2）是在世界范围内被认可的基本动作技能评价的主流工具，测评内容包括位移技能和操控技能2个方面，与本研究评价表2个维度相契合，并适用于3~10岁儿童，其中包括了3~6岁儿童，为此本研究首先将其作为检验的效标，选择80名幼儿，在完成本研究测试的第二天，进行了TGMD-2工具的测评数据采集。经Person相关检验，结果显示本研究制定的基本动作技能评价表的位移技能得分、操控技能得分、量表总分与TGMD-2测试得分均值达到中度相关，相关系数为0.472和0.550，相关性具有显著性。除了TGMD-2以外，本研究另将《儿童动作测量量表（第二版）》（Movement Assessment Battery for Children）中平衡动作分量表作为第2个效标，来检验本研究中稳定性动作评价的有效性。结果显示，两者相关系数为0.546，相关性具有显著性，表明本研究制定的评价表具有一定的效果和质量。

从表3-4可知，3~6岁幼儿发展评价量表与TGMD-2相应维度之间的相关程度比较高，均达到了统计学显著的水平[①]。其中，与位移动作维度的相关性为0.472，与操控动作维度的相关性为0.550，与量表总分的相关性为0.572，这些相关系数表明，3~6岁幼儿发展评价量表有着可接受的效标关联效度，且均在0.01水平上具有显著性。

---

① 王孟成，戴晓阳，姚树桥. 中国大五人格问卷的初步编制Ⅱ：效度分析[J]. 中国临床心理学杂志，2010，18（6）：687-690.

表 3-4　基本动作技能发展评价表的效标关联效度

维度	3~6岁幼儿评价表		TGMD-2		Mabc		相关系数	
	Mean	SD	Mean	SD	Mean	SD	r	P
位移	10.56	2.19	23.64	8.22	—	—	0.472**	0.001
操控	6.20	3.36	27.84	6.52	—	—	0.550**	0.000
稳定	5.26	1.50	—	—	11.21	3.76	0.546**	0.001
总分	22.16	5.85	51.52	12.40	—	—	0.572**	0.000

第三节　评价表的信度

一、重测信度

重测信度代表了测量的分数不会因为时间变动而改变。对重测信度的检验，再测的时距是一个重要的因素，相隔时间越长，信度越低。考虑到学前儿童处于快速发展时期，并且由于运动受到学前教育的重视，儿童每周都有区域性自主运动游戏和集体运动教学，为避免重测间隔过长带来的误差，因而选择间隔1周对选取的90名幼儿进行第2次测试。对2次测试结果进行相关性分析，结果显示，相关系数均在0.70以上，并且均在0.01水平上具有差异显著性，其中最低为0.766，最高为0.825，这表明该评价表具有较高的测试稳定性（见表3-5）。

表 3-5　基本动作技能发展评价表的重测信度

项目	n	首次		第二次		差值		相关系数	
		Mean	SD	Mean	SD	Mean	SD	r	P
快跑	90	3.41	0.50	3.53	0.51	−0.12	−0.01	0.789**	0.000
双脚连续跳	90	3.21	0.95	3.26	0.90	−0.05	0.05	0.825**	0.000
单脚连续跳	90	3.24	0.82	3.35	0.69	−0.11	0.13	0.813**	0.000
钻爬	90	3.15	0.61	3.32	0.59	−0.17	0.02	0.792**	0.000
拍球	90	3.62	0.85	3.68	0.68	−0.06	0.17	0.820**	0.00

表 3-5（续）

项目	n	首次		第二次		差值		相关系数	
		Mean	SD	Mean	SD	Mean	SD	r	P
单手前掷沙包	90	2.91	0.97	3.00	0.89	−0.09	0.08	0.814**	0.00
双手向上抛球	90	2.47	0.79	2.59	0.78	−0.12	0.01	0.766**	0.00
走平衡木	90	3.44	0.61	3.47	0.51	−0.03	0.10	0.775**	0.000
沿直线走	90	3.21	0.95	3.29	0.72	−0.08	0.23	0.799**	0.000

二、评分者信度

评分者信度反映的是不同评分者在测验过程中观察、记录、评分等方面的一致性。本研究在 534 名幼儿进行评价表应用测试的过程中，选择其中 120 名幼儿，由 2 名评分员单独进行测试，在动作完成时即刻记录原始分，当天测试结束后，各自将原始分转化为量表分；在动作表现分部分，2 个评分员分别依据评价标准，对采集的 120 名幼儿的测试录像进行评分。由于评价表记分范围为 0 ~ 4 分，是连续变量，因此评分者间信度采用 Person 相关系数。分析结果显示，评分者 A 与评分者 B 对 120 个样本的评价结果相关系数均在 0.90 以上，在 0.01 水平上具有显著性，其中最低为 0.929，最高为 0.962，表明评价表具有非常好的评分者信度（见表 3-6）。

表 3-6 基本动作技能发展评价表的评分者间信度

项目	n	评分者 A		评分者 B		差值		相关系数	
		Mean	SD	Mean	SD	Mean	SD	r	P
快跑	120	3.03	0.71	3.00	0.70	0.03	0.01	0.939**	0.000
双脚连续跳	120	3.17	0.89	3.14	0.86	0.03	0.03	0.962**	0.000
单脚连续跳	120	2.97	0.92	2.93	0.88	0.04	0.04	0.932**	0.000
钻爬	120	3.15	0.90	3.14	0.84	0.01	0.06	0.942**	0.000
拍球	120	2.67	1.34	2.61	1.23	0.06	0.11	0.960**	0.000
单手前掷沙包	120	2.23	0.98	2.24	0.92	−0.01	0.06	0.949**	0.000
双手向上抛球	120	2.24	1.07	2.23	0.96	0.01	0.11	0.950**	0.000
平衡木	120	1.92	0.68	1.98	0.68	−0.06	0.00	0.929**	0.000
走直线	120	2.56	0.99	2.57	0.93	−0.01	0.06	0.948**	0.000

第四节 评价表的难度与区分度

一、测试项目的难易度

项目难度是指被试者在完成项目任务时所遇到的困难程度,难度值(P)越大,表明通过该项目的人数比例越小。有研究表明,测验项目的难度值应尽量接近0.5,如果一个测试的大多数项目的难度范围在0.30~0.70之间,则测验就能够最大限度地获得有关个体间差异的信息[①]。

本研究测试项目采用5档计分(0~4分),为多值记分题,因此各测量项目难度值的计算采用 $P=$ 测验动作平均分/该测验动作的满分 $\times 100\%$[②]。统计结果如表3-7所示,本研究编制的3~6岁基本发展评价表各测试项目的难度值在0.5~0.79之间,最大为79%。除快跑、单脚连续跳、钻爬和拍球4项测试难度超过70%外,大部分测试项目在适宜的难度区间内,表现具有合适的难度系数。戴海崎等人认为,在标准参照测验中,测验的目的在于检测被试是否已达到教学目标规定的要求,如果教学十分有效,测验的大多数项目难度系数都会很大[③]。本研究中快跑、单脚连续跳、钻爬和拍球4项测试的难度大于70%,说明儿童对这4项技能掌握较好。这4项技能是幼儿园运动游戏中最常见的动作,儿童有更多的机会运用和积累,并且这4项也是儿童较早发展的技能,因此难度系数较高。郭晨(2017)的学位论文研究中直线跑的难度值超过80%,也反映了这一趋势。鉴于此,

---

① [美]卡普兰(Kaplan R. M.). 心理测验:原理、应用及问题[M]. 赵国祥,译. 5版. 西安:陕西师范大学出版社,2005:113.
② 黄光扬. 教育测量与评价[M]. 2版. 上海:华东师范大学出版社,2012:66.
③ 戴海崎,张锋,陈雪枫. 心理与教育测量[M]. 3版. 广州:暨南大学出版社,2012:84.

本研究认为9项技能测试项目难度值适中，无需调整。

表3-7　测试项目的难度

维度	测试项目	平均分（标准差）	难度系数 P
位移动作	快跑	2.94 ± 0.73	74%
	双脚连续跳	2.75 ± 1.18	69%
	单脚连续跳	2.84 ± 0.87	71%
	钻爬	3.05 ± 0.73	76%
操控动作	拍球	3.17 ± 1.25	79%
	单手前掷沙包	2.26 ± 0.98	57%
	双手向上抛球	2.19 ± 1.11	55%
稳定性动作	平衡木	2.26 ± 0.94	57%
	走直线	2.63 ± 0.97	66%

二、测试项目的区分度

项目区分度是测试项目区别被试水平能力的量度，记为 D。如果测试项目区分能力很弱，就不能提供关于被试水平差异的信息。本研究测试项目记分可以看作是连续变量，因此，采用"高低分组法"来计算区分度。将全体儿童样本测试的9项动作技能得分，分别按上27百分位和下27百分位截取动作技能高、低组。公式为 $D=(X_H-X_L)/X_M$，其中 X_M 为完成动作的满分，X_H 与 X_L 分别为高分组与低分组在该测试动作上的平均数。D 值达到0.4以上为优良，D 值越高越有效。如表3-8所示，3～6岁幼儿发展评价量表各项区分度均大于0.4，这表明测试表各测试项目对不同技能水平幼儿具有较好的区分和鉴别能力。

表 3-8 测试项目区分度

动作	X_H（高分组）	X_L（低分组）	D
快跑	3.81	1.98	0.46
双脚连续跳	4.00	1.22	0.70
单脚连续跳	3.83	1.70	0.53
钻爬	3.95	2.24	0.43
拍球	4.00	1.30	0.68
单手前掷沙包	3.30	1.02	0.57
双手向上抛球	3.50	0.77	0.68
走平衡木	3.35	1.12	0.56
沿直线走	3.82	1.54	0.57

第五节　幼儿基本动作技能测试表现

一、位移性动作技能各分项测试表现

通过对 534 名 3~6 岁幼儿的测试，在位移技能方面，总体上幼儿 4 个项目的得分呈现随年龄的增长而上升的趋势。4 个项目相比较，儿童钻爬得分较其他 3 项更高，而跳的技能，特别是双脚连续跳的技能，相对得分较低（见图 3-3）。这一得分情况也与儿童基本动作技能发展规律相一致，钻爬和跑是儿童早期发育的里程碑动作，幼儿能够较熟练地掌握，并体现出一定的动作效率，无论动作表现还是动作结果的得分均显示出较高水平。而跳的动作相对发展靠后，并且发展次序由单侧到双侧动作，因此 3~4 岁年龄段幼儿的双脚连续跳与其他 3 项得分的差距，明显大于其他年龄段。

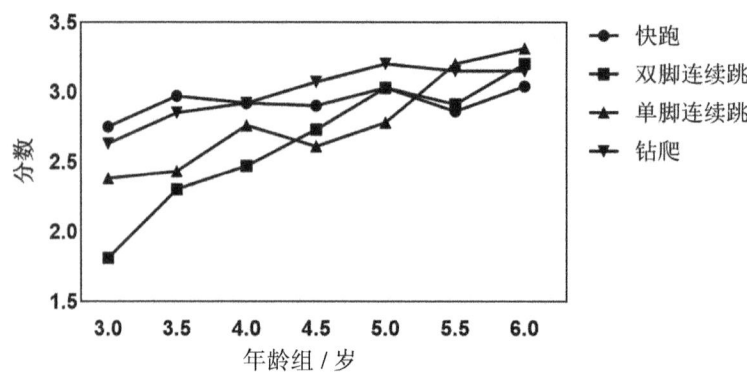

图 3-3 不同年龄组幼儿位移技能得分趋势

从 4 个项目不同年龄段幼儿得分差异来分析，单因素方差统计分析如图 3-4 所示，除快速跑得分在不同年龄段幼儿之间差异不显著外，其他 3 项技能得分呈现年龄段之间的显著差异（$P<0.05$，$P<0.001$），也说明双脚连续跳、单脚连续跳、钻爬测试项目具有较好的区分度。而快跑在 7 个年龄段之间差异不显著，可能与快跑采用国民体育监测中的 10 米折返跑，原始记时分已按 3~4 岁、4~5 岁、5~6 岁 3 个年龄分段常模进行了转化记分，消除了年龄间的差异有关。

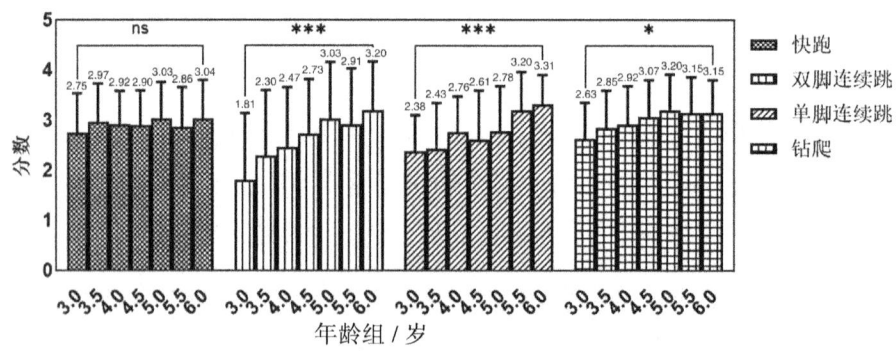

图 3-4 不同年龄组幼儿位移技能得分差异

从不同性别幼儿 4 项位移技能得分均值看，总体上女童得分高于男童得分，但除了双脚连续跳一项在 0.05 水平上差异显著外，其他 3 项男女童得分差异并不显著（见图 3-5）。

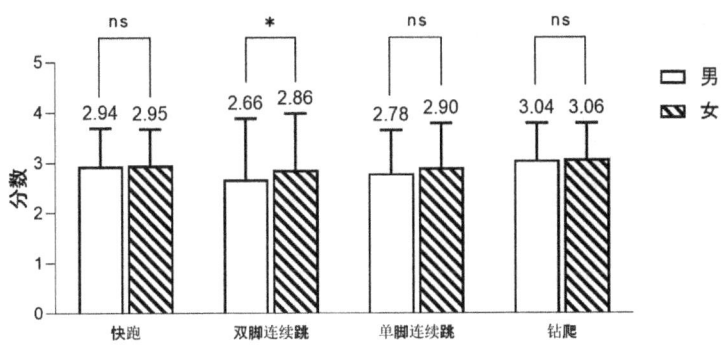

图 3-5　不同性别幼儿位移技能得分差异

二、操控性动作技能各分项测试表现

操控技能上，受试 3～6 岁幼儿各项目得分整体上均随年龄增长而上升，其中双手向上抛球得分在 4.5～4.9 岁以后年龄段出现得分先下降再上升，这可能是因为 4.5 岁以后，双手上抛球技能测试的难度增加，抛球的高度与远度都提高。

在不同年龄段幼儿得分差异上，受试幼儿拍球、单手前掷沙包和双手向上抛球 3 个项目测试得分均在 0.001 的水平上差异显著（见图 3-6、图 3-7）。

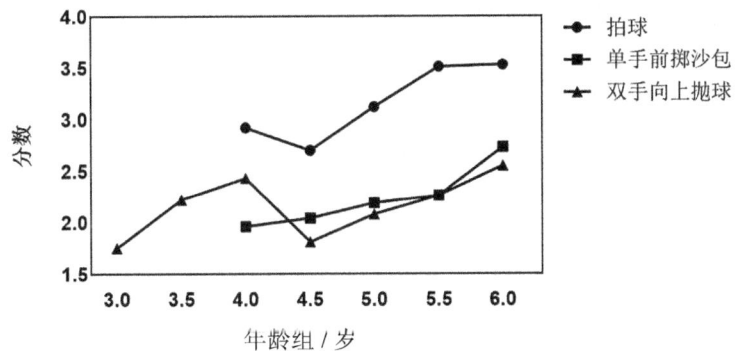

图 3-6　不同年龄组幼儿操控技能得分趋势

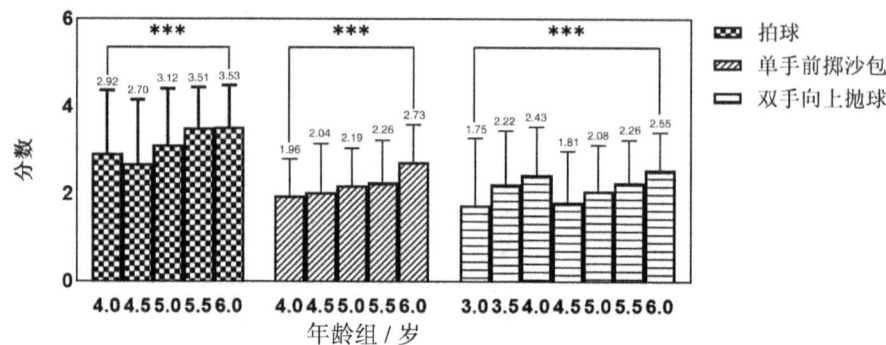

图 3-7 不同年龄组幼儿操控技能得分差异

从不同性别幼儿操控动作得分看,如图 3-8 所示,男女幼童在拍球动作上的得分比较接近,男童平均得分 3.16,女童平均得分 3.19;在单手前掷沙包和双手上抛球动作 2 个测试上,男童得分均高于女童,特别是单手前掷沙包测试得分,男女童在 0.001 的水平上差异显著。

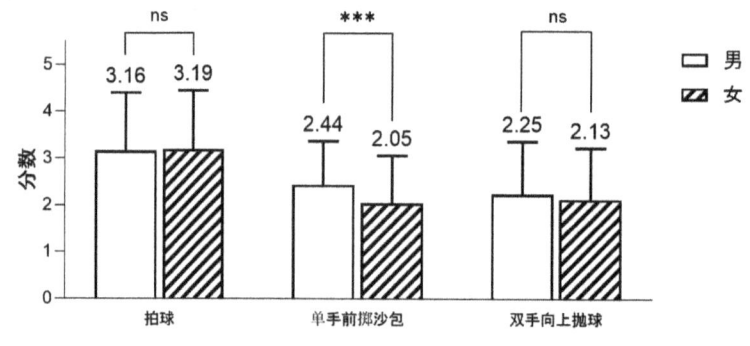

图 3-8 不同性别幼儿操控技能得分差异

三、稳定性动作技能各分项测试表现

对于稳定性技能,整体上,受试 3~6 岁幼儿各项目得分呈现随年龄增长而上升的趋势。在走平衡木和沿直线走 2 个项目得分上,3.5 岁组均比 3.0 岁组略低,但差值不大。在不同年龄段幼儿得分差异上,受试幼儿走平衡木和沿直线走 2 个项目的测试得分均在 0.001 的水平上差异显著(见图 3-9、图 3-10)。

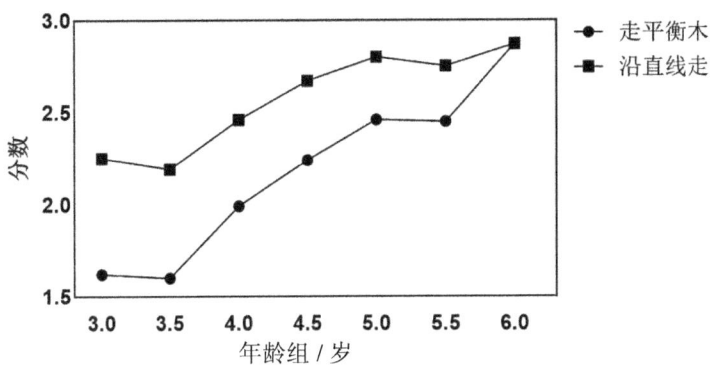

图 3-9　不同年龄组幼儿稳定性技能得分趋势

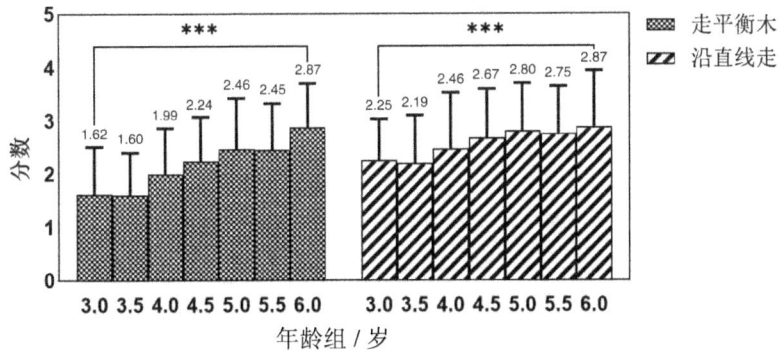

图 3-10　不同年龄组幼儿稳定性技能得分差异

从不同性别幼儿稳定性技能得分看，男女幼童在走平衡木测试中的得分比较接近，男童平均得分 2.30，女童平均得分 2.22；在沿直线走测试上，女童得分均值高于男童，在 0.001 的水平上差异显著（见图 3-11）。

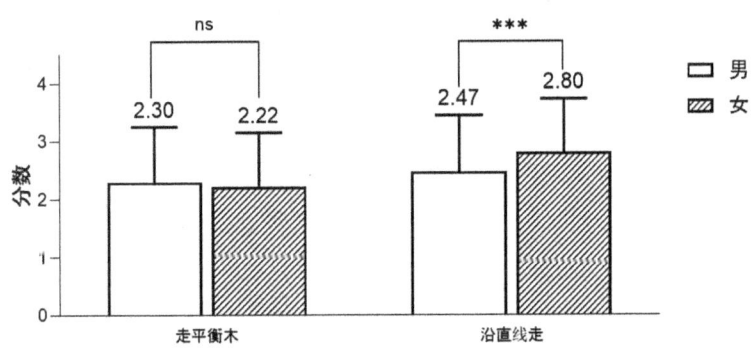

图 3-11　不同性别幼儿稳定性技能得分差异

四、动作技能总分及各维度总分对比

从位移技能、操控技能、稳定性技能总分以及基本动作技能总分的测试表现看,均显示出测试得分随年龄增长而逐步提升的趋势(见表3-9),特别是基本动作技能总分的上升趋势更为明显(见图3-12)。不同年龄儿童各个维度得分和技能总分经单因素方差分析显示,各年龄组儿童得分在0.001的水平上呈现显著差异,表明本研究编制的基本动作技能评价表具有较好的年龄敏感度(见图3-13)。

从不同性别的对比看,除了操控技能总分上男童高于女童外,位移技能、稳定性技能和基本动作技能总分上,均表现出女童高于男童的情况,但在统计学意义上,男女童得分的差异并不具有显著性(见表3-10、图3-14)。

表3-9 不同年龄组幼儿各维度测试结果

年龄	位移技能	操控技能	稳定性技能	总得分
3.0	9.56 ± 2.10	1.75 ± 1.53	3.87 ± 1.09	15.19 ± 3.93
3.5	10.55 ± 2.22	2.22 ± 1.23	3.79 ± 1.25	16.57 ± 3.17
4.0	11.09 ± 2.09	3.74 ± 2.38	4.45 ± 1.32	19.28 ± 4.35
4.5	11.31 ± 2.16	6.55 ± 2.73	4.91 ± 1.23	22.77 ± 4.46
5.0	12.04 ± 2.23	7.39 ± 2.23	5.26 ± 1.35	24.69 ± 4.06
5.5	12.13 ± 2.22	8.02 ± 1.86	5.20 ± 1.20	25.35 ± 3.41
6.0	12.69 ± 1.75	8.81 ± 1.77	5.73 ± 1.36	27.24 ± 3.15
F	11.325***	106.454***	19.323***	78.837***
P	0.000	0.000	0.000	0.000

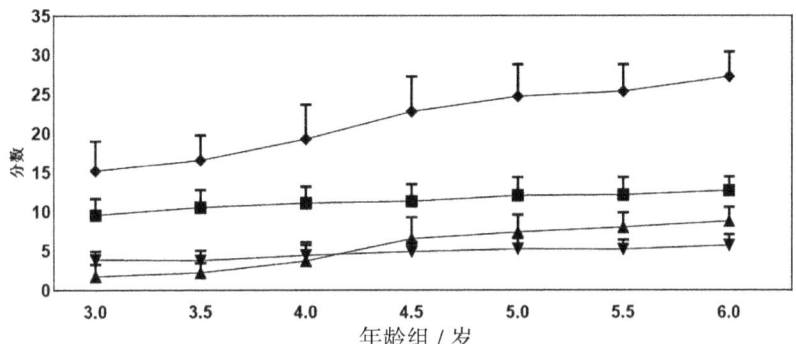

图 3-12　不同年龄组幼儿动作技能总分与各维度总分得分趋势

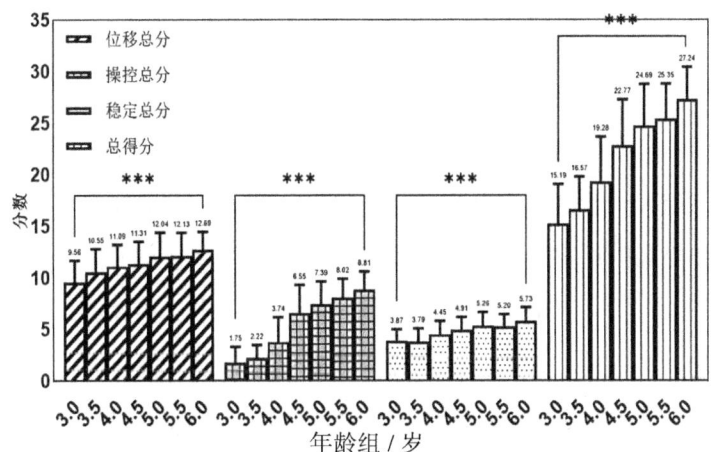

图 3-13　不同年龄组幼儿动作技能总分与各维度总分得分差异

表 3-10　不同性别幼儿分维度测试结果

性别	位移技能	操控技能	稳定性技能	总得分
男	11.42 ± 2.31	6.23 ± 3.33	4.76 ± 1.41	22.42 ± 5.47
女	11.77 ± 2.15	5.93 ± 2.92	5.02 ± 1.39	22.72 ± 5.09
t	−1.803	1.127	−2.113[*]	−0.654
P	0.072	0.260	0.035	0.513

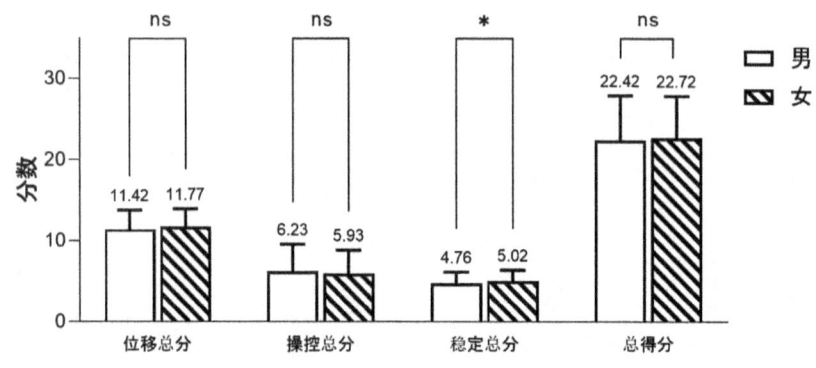

图 3-14 不同性别儿童动作技能总分与各维度得分差异

经过对上海市 534 名 3~6 岁幼儿的测试和统计分析显示，本研究编制的 3~6 岁幼儿基本动作技能评价表具有较好的内容效度、结构效度、效标效度、重测信度、评分者一致信度，同时具有适宜的测试难度和区分度。对 3~6 岁幼儿位移技能、操控技能、稳定性技能，以及基本动作技能总体能力的鉴别具有较好的敏感度。

从 534 名幼儿各个维度的基本动作技能表现看，幼儿在位移、操控、稳定性技能 3 个维度的得分和基本动作技能总分上，呈现出随着年龄的增长而逐步提高的趋势，不同年龄段幼儿差异显著，这与国内众多学者的研究结果一致[1][2][3]。从各年龄段幼儿间技能得分的增长幅度看，不同年龄段之间幼儿提高的幅度并不一致。在个别单项测试上，各年龄段幼儿还出现了波浪式上升的现象。这与 2006 年马红霞的研究结果相同[4]。尽管如此，

---

[1] 苏亚斌. 北京市3-6岁幼儿粗大动作发展现状研究［D］. 北京：首都体育学院，2018.

[2] 李静，刁玉翠. 3~10岁儿童基本动作技能发展比较研究［J］. 中国体育科技，2013，49（3）：129-132.

[3] 宁科. 幼儿大肌肉动作发展特征及教学指导策略研究［D］. 北京：北京体育大学，2017.

[4] 马红霞. 在我国应用大肌肉动作发展测验（TGMD-2）的信效度分析［D］. 济南：山东师范大学，2006.

位移、操控、稳定性3个大的维度得分和技能总分随年龄增长而提升的趋势非常明显，群组间差异显著，这提示我们在下一步制定评价等级标准的工作中，要注意对不同年龄幼儿的区分，以年龄段分组制定相应等级标准。

不同性别幼儿在技能得分和位移技能上，男、女童各单项测试得分基本相同，在操控技能上，男童各单项测试得分高于女童，但也只有单手前掷沙包具有显著差异，这可能与男童较女童更偏爱投掷类操作性游戏有关[1]。稳定性技能上，走平衡木测试在男女童之间没有显著差异，走直线测试中女童得分显著高于男童。从单个测试项目得分来看，很难得出一个具有概括性且明确的男女童技能得分差异的结论，但上升到位移、操控、稳定性技能和技能总分的层面上，可以看出，男女童之间并无显著差异（表3-10）。尽管稳定性技能得分上女童高于男童，但 P 值接近0.05。国内学者也证实了我国不同性别儿童基本动作技能发展的差异不具有统计学意义[2][3]。为此我们决定在制定评价等级标准时，不针对性别进行评价标准的制定。

---

[1] 张莹. 我国3~6岁幼儿基本动作发展特征研究——以北京市某一级幼儿园幼儿的投掷动作发展为例[J]. 中国体育科技，2013，49（4）：92-102.

[2] 罗金良. 济南市3-10岁儿童跨步跳动作发展特征之研究[D]. 济南：山东师范大学，2013.

[3] 马红霞. 在我国应用大肌肉动作发展测验（TGMD-2）的信效度分析[D]. 济南：山东师范大学，2006.

第四章 3～6岁幼儿基本动作技能评价等级标准

根据评价表（量表）编制的程序和步骤，在评价表正式施测、进行信效度评估、确定了评价的可用程度后，需要根据评价对象建立常模或等级评价标准。常模是否能够解释测试对象总体在特定维度上的优劣，取决于校准化样本对总体的代表程度。在条件允许的情况下，样本容量越大越好，对总体的代表性越强。但是，如果总体范围过大，从中抽取的样本虽具有一定的代表性，但代表总体各不同部分被试的测试结果的分数差异性会较大，这样建立起来的常模对总体各部分来说适用性较小[1]。我国幅员辽阔，不同地区学前教育和儿童发展具有一定的差异，因此，建立地方常模更具有应用价值[2]。本研究基于分层抽样对上海1/3行政区具有代表性幼儿园儿童进行了测试，儿童性别比与上海市4～8岁性别比相比基本一致，样本具有一定的代表性。为此，本研究基于上海8个行政区534名3～6岁儿童样本数据建立评价的等级标准。

---

[1] 王孝玲. 教育测量（修订版）[M]. 上海：华东师范大学出版社，2005：132.
[2] 王孝玲. 教育测量（修订版）[M]. 上海：华东师范大学出版社，2005：133.

第一节 基于百分位数的基本动作技能评价等级

标准参照范式的评价等级设计包括2个方面：一是确定等级数量，二是确定评价的标度。关于评价等级数量，根据心理学研究，评价等级一旦超过5个等级，一般人就很难做到，评价标准一般以3～5个等级为宜[①]；标度的确定包括2种方法，一种是以描述性语言的形式，例如"完全达到、基本达到、大部分达到、小部分或全未达到"，另一种是以分数阈值的形式，例如"100～90为优秀，89～75为良好"等。

从学前教育实践的层面，并不赞成对儿童表现进行"优、良、中、差"的等级划分，甚至非常反对将儿童进行等级归类，避免僵化地给儿童贴"标签"。为让设计的评价等级能够为学前教育运动实践所接受和应用，本研究将儿童基本动作技能总分和分量表分确定为4个等级，将4个等级对应描述性标度定为"金牌、银牌、铜牌、锡牌"。在等级数量上简洁明了，便于学前教师的操作；从标度的描述上体现技能评价的情境化与趣味性，达到既能区别儿童的发展水平，又不轻易否定儿童的目标，达到学前教育的宗旨。对于"金牌、银牌、铜牌、锡牌"的测试分数切分点，借鉴了英国青少年基本动作技能评价方法"The Dragon Challenge"，以测试样本得分33、66、95百分位对应数值为切分点。由于本研究对534名3～6岁幼儿的测试显示，幼儿位移技能、操控技能、稳定性技能及基本动作技能总分在不同年龄段之间差异显著，但在性别之间的差异不具显著性，因此，本研究仅根据不同年龄级别制定差异化的评价等级，并不针对性别区分评价等级。具体评价等级计算见表4-1至表4-4。

---

① 黄光扬. 教育测量与评价［M］. 2版. 上海：华东师范大学出版社，2012：122.

表 4-1　位移技能评价等级与得分阈值

等级	年龄段						
	4.00	4.50	5.00	5.50	6.00	6.50	7.00
金牌	≥12	≥13	≥14	≥15	≥15	≥15	16
银牌	11	12	12–13	12–14	13–14	13–14	13–15
铜牌	9–10	10–11	10–11	10–11	11–12	11–12	12
锡牌	≤8	≤9	≤9	≤9	≤10	≤10	≤11

表 4-2　操控技能评价等级与得分阈值

等级	年龄段						
	4.00	4.50	5.00	5.50	6.00	6.50	7.00
金牌	≥4	≥4	≥10	≥10	≥11	≥11	≥11
银牌	3	3	8–9	8–9	9–10	9–10	10
铜牌	2	2	5–7	5–7	6–8	7–8	8–9
锡牌	1	1	≤4	≤4	≤5	≤6	≤7

表 4-3　稳定性技能评价等级与得分阈值

等级	年龄段						
	3.00	3.50	4.00	4.50	5.00	5.50	6.00
金牌	≥5	≥6	≥7	≥7	≥7	≥7	8
银牌	3–4	4–5	5–6	5–6	6	6	6–7
铜牌	2	3	4	4	5	5	5
锡牌	1	≤2	≤3	≤3	≤4	≤4	≤4

表 4-4　基本动作技能总分评价等级与得分阈值

等级	年龄段						
	3.00	3.50	4.00	4.50	5.00	5.50	6.00
金牌	≥18	≥21	≥30	≥30	≥30	≥31	≥32
银牌	16–17	18–20	24–29	25–29	26–29	27–30	29–31
铜牌	13–15	15–17	21–23	22–24	23–25	24–26	26–28
锡牌	≤12	≤14	≤20	≤20	≤22	≤23	≤25

第二节 基于教育年龄量表的基本动作技能评价等级

在学前时期，幼儿各项能力的发展速率并不是一致的，每个儿童都有其独特的发展进程。例如，有些幼儿生物学年龄为 6 岁，运动能力可能不及 5 岁儿童，相反，有些儿童只有 4 岁，但运动能力已超过了 5 岁儿童。对于这种在学前教育中普遍存在的现象，如果仅用等级评价来划分儿童的能力，不仅对儿童不公平，也不符合学前教育"尊重每一个儿童的各自发展进程"的教育宗旨。因此，年龄量表的使用就显得尤为重要。年龄量表是测试分数与年龄的等值对照表，由各种年龄组成的标准化样本，求出各年龄测验分数的平均值，与年龄分数相对应形成的评价等级表，年龄的数目被看作是等级分数。

年龄量表分为 2 种：心理年龄量表和教育年龄量表。心理年龄量表是智力测验的原始分与年龄的等值对照表，又称为智力年龄量表。教育年龄量表是教育测验的原始分数与年龄的等值对照表。根据国内外基本动作技能相关研究，基本动作技能并不会随着儿童年龄的增长而自然获得，而是通过学习和练习形成的，因此基本动作技能水平是教育和学习的结果，因此本研究中的年龄量表，确切地说是"教育年龄量表"。

教育年龄量表的计算方法是：首先计算出每个年龄组的测试均值（见表 4-5），然后以各年龄点为横轴，以测试分数平均数为纵轴描点，画一条平滑曲线（见图 4-1 至图 4-4），再采用由纵轴某一测验分数出发作横线与曲线相交一点，而后作垂线直落横轴，找出相应年龄分数的方法，列出测验分数与年龄分数的等值对照表（见表 4-6 至表 4-9）。

在学前教育实践中，幼儿教师可以利用基本动作技能教育量表对同一儿童各个维度的基本动作技能的发展情况进行相互比较，找出该名儿童基本动作技能发展的相对优势和需要进一步提高的部分。例如，某位儿童位移技能的得分达到5岁6个月的教育年龄，而操控技能得分对应4岁11个月的教育年龄，教师则可以判定该名儿童的位移技能发展得更好。

此外，幼儿教师还可以将儿童的实际生物年龄与某项技能的教育年龄相比较，找出差距，进行相应的干预和课程设计，继而考查干预后儿童的学习效果和进步程度。

总体上，基本动作技能的年龄量表更容易被幼儿教师所理解，更加直观、更加契合学前教师的工作实际。

表4-5 3~6岁幼儿基本动作技能各维度及总分平均值

技能	年龄段						
	3.00	3.50	4.00	4.50	5.00	5.50	6.00
位移	9.56	10.55	11.09	11.31	12.04	12.13	12.69
操控	1.75	2.22	3.74	6.55	7.39	8.02	8.81
稳定性	3.88	3.79	4.45	4.91	5.26	5.20	5.73
总分	15.19	16.57	19.28	22.77	24.69	25.35	27.24

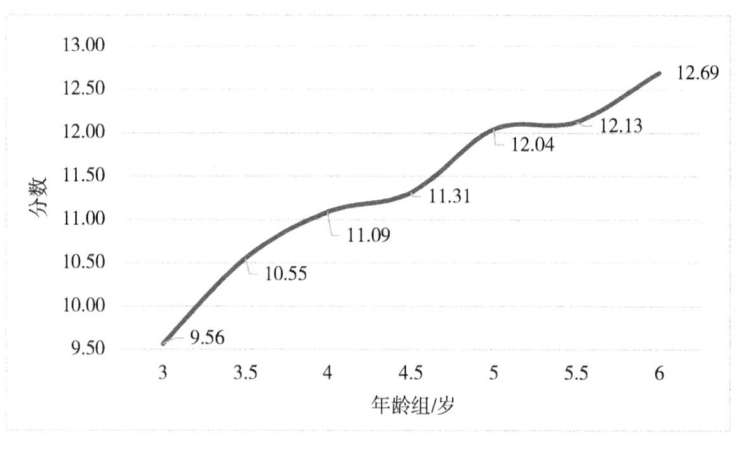

图4-1 3~6岁幼儿位移技能得分与年龄对应趋势

表4-6　3～6岁幼儿位移技能的年龄量表

测试分数	年龄分数
10.0	3.3
10.5	3.5
11.0	3.9
11.5	4.6
12.0	5.0
12.5	5.8
13.0	6.4

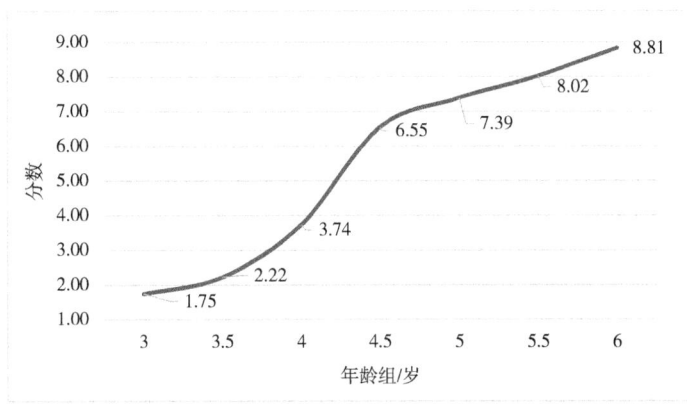

图4-2　3～6岁幼儿操控技能得分与年龄对应趋势

表4-7　3～6岁幼儿操控技能的年龄量表

测试分数	年龄
2.00	3.4
3.00	3.7
4.00	4.0
5.00	4.2
6.00	4.4
7.00	4.7
8.00	5.5
9.00	6.2

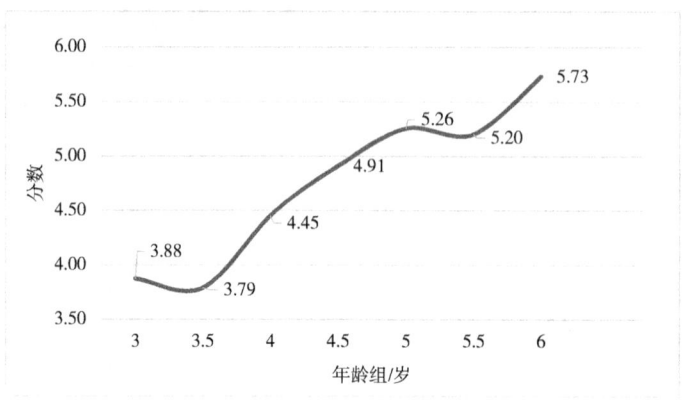

图 4-3　3～6 岁幼儿稳定性技能得分与年龄对应趋势

表 4-8　3～6 岁幼儿稳定性技能的年龄量表

测验分数	年龄
4.00	3.7
4.50	4.0
5.00	4.6
5.50	5.7
6.00	6.3

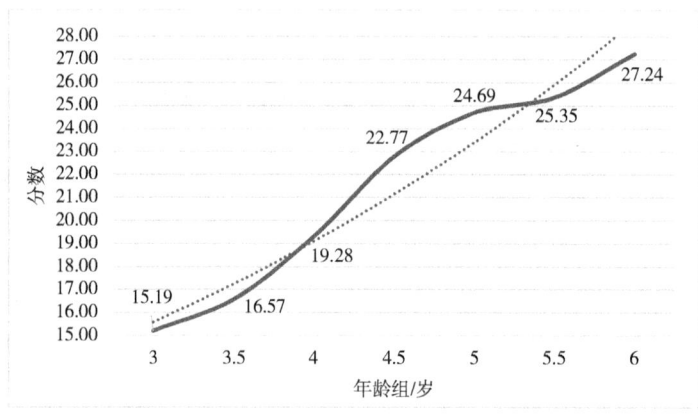

图 4-4　3～6 岁幼儿基本动作技能总分与年龄对应趋势

表 4-9　3~6 岁幼儿基本动作技能总分的年龄量表

测试分数	年龄
15	3.0
16	3.3
17	3.55
18	3.8
19	4.0
20	4.1
21	4.25
22	4.4
23	4.6
24	4.75
25	5.1
26	5.7
27	6.0
28	6.2

第三节　基于教育商数的基本动作技能评价等级

在学前运动教育实践中，教师除了需要判断幼儿基本动作技能的发展水平和"最近发展区"，对一名幼儿不同维度基本动作技能的优势领域和后发展领域进行判断外，还有一种情况是，教师可能需要对不同年龄儿童进行跨年龄评价，例如一名 5 岁幼儿和一名 6 岁幼儿，谁的发展水平更高。前 2 种评价需求，教师可以通过本研究的"金、银、铜、锡"四级评价和年龄量表来实现。但后一种跨年龄评价，如果用"金、银、铜、锡"四级评价和年龄量表来评价的话，则会出现评价结果等不够精确、涉及多年龄段的查表，或无法以同一尺度进行评价等问题。

在教育测量评价领域，教育商数可以很好地解决跨年龄评价一致性的问题。教育商数的计算需要借助"教育年龄量表"得出的教育年龄；教育商数就是被试的教育年龄除以实足年龄再乘以100所得之数，公式为：

$$EQ = \frac{EA}{CA} \times 100$$

式中，EQ：教育商数，EA：教育年龄，CA：实足年龄[①]。

例如：一名4岁零5个月的儿童，其基本动作技能总分为21分，教师首先根据儿童原始测试得分转化对照年龄量表计算出基本动作技能的教育年龄，根据表4-9，21分对应的教育年龄为4.25岁。之后再根据公式计算教育商数：

$$\frac{4.25}{4.5} \times 100 = 94$$

那么该幼儿的基本动作技能教育商数为94分。

教育商数类似于智商，是一种相对数量，不同年龄的幼儿基本动作技能水平测试得分均可根据教育年龄量表得出基本动作技能的教育年龄，再通过教育年龄与实足年龄的比值得出教育商数，从而实现同年龄或不同年龄群体之间的比较。

在现有的国际儿童基本动作技能评价工具中，一些工具提供了判断儿童动作商数的方法，例如德国的儿童动作技能测试工具（Körperkoordinationstest für Kinder，KTK）以常模得分均值50百分位为基准，将儿童实际测验得分与50百分位得分比率定为"动作商值"（MQ），MQ值在86～115之间的儿童被认为具有正常的运动协调性，得分在71～85之间的儿童被认为具有中度运动协调障碍，得分在70或更低的儿童被认为具有重度运动协调障碍。得分在116～130之间的儿童被认为具有良好的运动协调性，得分在130以上的儿童被认为具有较高的运动协调性[②]。

---

① 王孝玲. 教育测量（修订版）[M]. 上海：华东师范大学出版社，2005：168.

② Kiphard E J, Schilling F. Körperkoordinationstest für Kinder:KTK [M]. Weinheim：Die Verlagsgruppe Beltz, 2007.

本研究以常模年龄段得分均值为基准，折算教育年龄和教育商数，与 KTK 计算原理相似。因此，根据 KTK 开发者 Kiphard 和 Schilling 的分类，本研究将教育商数在 86 ~ 115 的儿童定为基本动作技能发展良好，得分在 71 ~ 85 的儿童定为基本动作技能有待发展，得分在 70 或更低的儿童定义为基本动作技能发展迟缓。得分在 116 ~ 130 的儿童被认为基本动作技能发展优异，得分在 130 以上的儿童被认为基本动作技能发展杰出。尽管从学前教育实践的角度，以"发展优异、良好、适中、有待发展"来评价儿童并不符合学前教育的宗旨，但从科学研究的角度，本研究认为有必要对教育商数进行等级划分，提供给学前教师一定的参考，特别是在面对测试得分特别低和特别高的儿童时，基本动作技能教育商数也可以用来判断特殊幼儿的基本动作技能的发展水平。

综上所述，本研究制定了 3 种基本动作技能评价等级标准。基于不同年龄段得分常模百分位切分的评价等级，使幼儿教师能够基于幼儿所在年龄段进行评价；基于年龄量表（教育量表）的评价等级，使幼儿教师能够简便易行地对一名儿童不同维度的基本动作技能发展水平进行横向比较；而教育商数为幼儿教师跨年龄评价儿童基本动作技能提供了可能。3 种评价等级标准为学前运动实践教师提供了多样化选择，幼儿教师可以根据幼儿园所实践情况和教育教学评价目标进行选择并应用。

第五章　3～6岁幼儿基本动作技能评价的可行性

近年来，评价工具的研发特别关注体育教育情境下的可行性。研究者从评估目的、完成时间、所需场地空间、儿童适用性、评分员培训、体育课程融入等因素进行分析。2019年，澳大利亚著名儿童动作技能发展研究专家Barnett的研究小组根据Bowen等人可行性研究的理论框架，从接受性、需求、实施、实用性、课程整合5个方面提出学前儿童基本动作技能测试工具可行性验证的维度，具体指标涉及"测试时间、空间、所需器材、评价类型、内容数量、测试员培训、测试员专业背景"。本研究整合现有研究可行性分析的内容与指标，从我国体育文化和学前教育的适用性、儿童适用性、测试实用性3个方面来论证本研究评价方案的可行性。

第一节　契合我国体育文化和学前教育实际情况

近10年来，尽管国际上已有比较成熟的基本动作技能评价工具，但世界各国研究者纷纷制定适用于本国儿童的基本动作技能评价方案,原因之一是为了与各自学校体育课程相一致,为学校体育基本动作技能教学和评估提供支持,因此评价方案对学校体育的适用性,成为可行性评价的焦点。

本研究研发的评价方案,紧密围绕我国《3—6岁儿童学习与发展指南》和学前运动教育主旨,具有较高的学前教育适用性和课程一致性。

首先,本研究在提取拟测试的动作时,以2012年教育部颁布的《3—6岁儿童学习与发展指南》为蓝本,提取出17个基本动作,经专家问卷调查筛选聚焦了9个最需要评价的动作。在9个动作技能的测试项目基础上,由学前教育教研员、幼儿教师根据幼儿园运动教育的实际需求进行选择。特别是爬和双手向上抛的动作,是我国学前教育指南中独有的动作技能,本研究将这2个动作纳入评价表,也体现了我国学前教育的特色。总体上本研究研制的评价方法在动作技能指标上对我国学前教育指导健康领域的动作要求以及幼儿园运动教育实际产生较好的适用性。

其次,在测试动作和项目筛选过程中,针对专家们提出的动作技能指标和测试项目的补充意见,在咨询了学前教育教研员和运动特色幼儿园园长的意见后,在测试项目上进行了科学的选择与校正。

此外,在评价标准和等级的研制上,充分考虑了学前教育的特殊性,侧重标准参照制定评分标准;在评价等级上依据不同年龄段的百分位得分制定了以"金、银、铜、锡"牌划分的等级评价,遵循学前教育尊重每个儿童各自发展效率的宗旨。并且依据年龄量表制定的基本动作技能教育量表评价,以及以此为基础的教育商数计算方法,方便学前教育从不同角度评价幼儿基本动作技能的发展水平。

在顺应当前学前教育特点与需求的同时,本研究也关注儿童未来终身运动的参与情况,保证了评价的基本动作技能对青少年最常参与的体育锻炼项目产生较好的适配性,体现了其与我国体育文化的一致性。

第二节 动作技能测试项目与实施方案的便捷性

2019年，澳大利亚著名儿童动作技能发展研究专家Barnett的研究小组首次提出了学前儿童基本动作技能测试工具可行性验证的维度，以及与各维度对应的"好、中、差"3个标准。这些维度包括测试时间、空间、所需器材、项目数量、测试员培训、测试员专业背景等7个指标，这些指标及其标准更多地指向评价工具在体育教育情境下是否高效实用，学前教师是否能够简便地操作（见表5-1）。

表5-1 学前儿童基本动作技能评价方案可行性验证指标[1]

可行性维度	差（1）	中等（2）	好（3）
时间限制	20分钟以上	10-20分钟	少于10分钟
器材	学前教育不太有或需要成套购买器材	容易获得的器材	大多数幼儿园和家庭中可能都有设备工具
空间	超过10米，需要一个室外空间、体育馆或大型开放式教室	6-10米，一个标准室	不到6米，一个房间的一个角落
评估类型	过程	过程和结果	结果
项目	12项以上	6-12项	至少6项
培训	超过一天半的时间	半天到一天半之间	不到半天
资格要求	要求高于学前工作人员的资格	要求获得学前教师水平的资格证书	能够由任何胜任的学前工作人员担任

对标7个基本动作技能评价方案的可行性验证指标，本研究研制的评价方案有3个指标处于"好"的范围，3个指标为"中等水平"，1个指标介于"中等"与"差"的等级之间：

从测试持续的时间上，过长的测试时间会引起儿童注意力分散，影响

---

[1] Klingberg B, Schranz N, Barnett L M, et al. The feasibility of fundamental movement skill assessments for pre-school aged children [J]. Journal of Sports Sciences, 2019, 37（4）: 378-386.

儿童积极参与测试的动机。本研究研制的评价方法在应用过程中，每组5名儿童完成全部9个项目的测试需要45分钟，这其中包括了测试员就每个项目对儿童进行的示范、讲解，儿童依次测试及等候的时间，平均每名儿童完成测试需要9分钟，测试时间的可行性指标为"好"。

从器材上，本研究评价方法涉及的测试器材包括沙包、小篮球、充气球、平衡木、小标志桶、泡沫垫、胶带，这些器材简单易于携带和搬移，并且是幼儿园最常见的运动器材，学前教师并不需要额外购买器材来完成测试。因此在这一指标上可以归为"好"的等级。

从所需空间上，9项测试项目中有8个项目可以在6米×10米的空间内完成。本研究在进行应用测试过程中，征用了幼儿园的室内多功能活动室，这些活动室的面积大多在6米×12米之内。在此空间内，可以顺利地完成除了10米折返跑以外的8个项目。由于10米折返跑需要在终点和起点处为幼儿留出足够的缓冲空间，超出了大多数室内多功能室的范围，因此我们将折返跑的测试放到了幼儿园室外运动场。如果对标Barnett研究小组提出的标准，该维度介于中等与差的等级之间，但是Barnett研究小组标准制定的指向是评价方法能够包容那些场地空间较小的幼儿园以及幼儿活动区域，不同场地空间的幼儿园都能够执行基本动作技能的评价。从我国学前教育的实际情况，特别是从上海学前教育的实际情况来看，随着国家越来越重视学前教育，幼儿园普遍拥有较为充裕的活动空间，特别是近几年来新建公办幼儿园都要求必须配备室外30米长度的跑道及室内多功能活动室。因此，公办幼儿园有足够的场地空间来完成本研究制定的评价方法和流程。

从评估类型上，单一的结果性评价的可行性最高，过程性和结果性评价相结合的工具可行性为中等，单一过程性评价可行性最低。过程性评价需要对动作全部环节进行深入细致地反复观察，比较费时。而结果性评价虽然简洁高效，但无法为学前教师提供儿童动作发展变化的细节。为此，本研究采用了过程性评价和结果性评价相结合的评价取向，过程性评价和结果性评价权重为1∶1，虽然可行性评价等级为"中等"，但为学前教师综合评价幼儿的动作技能发展水平提供了可能。

从测试项目的数量上，本研究针对专家选出的9个动作进行测试，介于6~12项的中等可行性水平。既没有由于项目过少不能覆盖《指南》，又没有由于产生过多的项目对教师测试和儿童测试的积极性产生负面影响。

从培训时间和测试员的资质上，本研究评价方案在测试方法的描述上通俗易懂，过程性评价简洁明了，无论是否取得了学前教育的相关资质，经过培训后都能够很快掌握评价的技巧，因而对测试员的培训时间也不长，基本在4个小时左右。因此这2个指标都处于中等水平。

通过以上7个指标的论述可以看出，本研究制定的评价方法适宜在幼儿园教育实践中开展，具有简便易行的特点，具有一定的实用性。

第三节　测量方案对幼儿园儿童具有较高适用性

儿童运动能力评价工具开发的难点之一在于，工具的可靠性可能会受到幼儿测试合作程度和测试参与动机的影响。Smits-Engelsman等人认为，针对5岁及以下儿童的运动能力评估，可靠的前提是孩子能够较为积极地参与测试过程[1]。儿童与成人不同，他们有不同的愿望和期望，有他们自己的环境。为儿童设计产品和评估工具时，必须要考虑产品的儿童适用性。

---

[1] Klingberg B, Hoeboer J J A A M, Schranz N, et al. Validity and Feasibility of an Obstacle Course to Assess Fundamental Movement Skills in a Preschool Setting [J]. Journal of Sports Science, 2019, 37（2）: 1-9.

在评估儿童适用性和可用性时,儿童的兴趣是一个重要的评估要点,因为在一定程度上,儿童的兴趣代表了儿童活动的参与程度和产品的可用性。因此,近几年也有一些研究者在动作技能评价工具的使用中,用"笑脸计"来测评儿童的适用性。

笑脸计是 Read 等人于 2002 专门为 5 ~ 10 岁儿童设计的测量乐趣的工具[①]。该工具用 5 个不同表情的笑脸来代替李克特五级量表的等级,要求儿童在 5 个表情中选出一个来表达自己的心情(见图 5-1)。

糟糕　　不太好　　好　　相当好　　特别好

图 5-1　笑脸计示意图

为了检验幼儿对评价方法的适用性,我们在幼儿完成全部测试后,邀请儿童对笑脸计进行选择。在简短的解释之后,幼儿被要求用 5 个笑脸之一的图片来表达自己对刚结束测试的感觉,为了让幼儿充分理解 5 个笑脸代表的愉悦程度,我们将"糟糕、不太好、好、相当好、特别好"转换为:"不好玩,以后再也不想玩了""有点不好玩""一般""有点好玩""太好玩了,我还想再玩一次"的语言表达。534 名幼儿的选择结果是:525 名儿童选择"太好玩了,我还想再玩一次",占比 98.31%;6 名儿童选择"有点好玩",占比 1.14%;2 名儿童选择"一般",占比 0.33%;1 名儿童选择"不好玩,以后再也不想玩了"。从笑脸计的结果看,儿童对本研究评价方法的接受性较高。在选择笑脸时,很多儿童欢呼雀跃地说道:"太好玩了,我还想再玩一次。"

---

① Read J C, MacFarlane S, Casey C. Endurability, engagement and expectations: Measuring children's fun [J]. Interaction Design and Children, 2002(2): 1-23.

表 5-2　幼儿对测试项目感受的笑脸计的记数分布

幼儿园	样本数	笑脸计五级记分				
		非常好玩（5分）	好玩（4分）	一般（3分）	不太好玩（2分）	不好玩（1分）
A	55	54	1	0	0	0
B	86	83	1	2	0	0
C	62	59	2	0	0	1
D	75	75	0	0	0	0
E	84	82	2	0	0	0
F	77	77	0	0	0	0
G	54	54	0	0	0	0
H	41	41	0	0	0	0
总计	534	525	6	2	0	1
百分比	98.32%	1.12%	0.37%	0.00%	0.19%	—

此外，在现场测试中，参加测试的幼儿非常积极活跃，经常在观看测试员项目示范后表达"这项我很厉害"，或在一项测试过后询问"下一个我们玩什么"，测试中多个幼儿园出现幼儿之间互相加油、鼓励、相互计数的场景，表现出幼儿对测试活动的喜爱。对此，我们认为这与测试时间紧凑、测试项目数量适宜、测试器材颜色鲜艳、测试员指导语具有童趣等因素有关，也与该年龄段儿童天生喜欢运动有关。

总体上，本研究研制的评价方法受到测试幼儿的喜爱，具有儿童适宜性，能够使幼儿积极地参加测试评价。

综上所述，本研究制定的3~6岁基本动作技能评价方案基于《3—6岁儿童学习与发展指南》，具有一定的课程融合。着眼于目前的9个测试动作，对我国大众健身运动项目具有一定指向性，能够为儿童后续终身运动参与提供一定的支撑与引导。测评项目数量适中，花费时间较少，符合了幼儿注意特征；评价将过程评价和结果性评价相结合，为学前教师多角度评价幼儿基本动作技能发展提供了支撑。测评所需要的空间不多，器材简便，幼儿园常规的教学设施设备均能够满足测试的空间和器材要求，且评价标准与等级的折算易于理解，学前教师易于操作。因此，评价方案在幼儿园教学环境中具有可行性。

第六章 结论与反思

第一节 研究结论

儿童基本动作技能评价应以国家和地区教育框架和体育文化背景为支撑，以学校体育当前教育目标和内容为出发点，以幼儿未来面对的大众体育文化为落脚点。

本研究针对3~6岁儿童基本动作技能评价方案研发的目的为"两个支持"：一是在教师层面，为学前教师提供与我国学前教育相关标准相适应的，方便学前教师理解与操作的评价方法，帮助教师确定儿童"最近发展区"，提供适宜的活动课程；评估儿童动作技能的提高程度，调整课程内容与难度，为体育教师的课程设计与教学提供支撑。二是在幼儿层面，通过评价更好地促进幼儿基本动作技能的发展，为儿童后续终身运动参与奠定基础。

3~6岁幼儿基本动作技能发展评价的动作技能包括位移、操控、稳定性3类，3~4岁幼儿测试跑、双脚跳、单脚跳、爬、单手前掷、走平衡木、走直线7个动作，4~6岁幼儿测试跑、双脚跳、单脚跳、爬、拍球、双手上抛球、单手前掷、走平衡木、走直线9个动作。测试项目采用过程性评价与结果性评价相结合的评价标准，形成的评价表具有较好的内容效度、结构效度、效标效度、重测信度、评分者一致信度，适应的测试难度和区分度。对3~6岁幼儿位移技能、操控技能、稳定性技能以及基本动作技能总体能力的鉴别具有较好的敏感度。

本研究采用过程性评价与结果性评价相结合的评价标准，制定基于不同年龄段幼儿得分百分位切分的评价等级，基于年龄量表的评价等级，以及基于教育商数的评价标准，为学前教师提供了多样化评价选择，幼儿教师可以根据幼儿园的实际情况和教育教学评价目标进行选择并应用。

本研究制定的3~6岁基本动作技能评价方案具有课程融合，对儿童后续运动健身项目具有一定指向性。测评项目数量适中，花费时间较少，测评所需要的空间不多，器材简便，学前教师易于操作，在幼儿园教学环境中具有可行性。

第二节　研究局限

本研究基于我国《3—6岁儿童学习与发展指南》选取基本动作，符合了学前教育运动实践的实际，选取的基本动作对儿童后续参与的大众健身项目具有较好的支撑。但是有部分对儿童未来运动参与具有重要意义的动作，例如我国儿童青少年第8大校外锻炼项目——足球的核心动作"踢"，由于没有被《指南》所强调，在当前幼儿园运动实践中相关活动开展得并不广泛，因此没有被本研究纳入备选的基本动作技能中，类似的还有乒乓球、网球的核心动作"侧向击球"等。未来研究应进一步验证这些动作在幼儿运动实践中的可行性，根据验证结果酌情扩大基本动作的技能指标，进一步丰富幼儿基本动作技能评价的内容。

本研究对上海8个行政区公办幼儿园3~6岁儿童进行抽样、测试、制定评价等级，样本具有一定代表性。由于条件所限，未能对全国儿童进行抽样并制定评价等级，从评价方案的全国适用性来讲，未来还需要补充全国抽样，进一步完善评价标准与等级。

参考文献

[1] Bardid F, Huyben F, Lenoir M, et al. Assessing fundamental motor skills in Belgian children aged 3-8 years highlights differences to US reference sample [J]. Acta Paediatrica, 2016, 105(6): e281-e290.

[2] Barnett L M, Telford R M, Strugnell C, et al. Impact of cultural background on fundamental movement skill and its correlates [J]. Journal of Sports Sciences, 2019, 37(5): 492-499.

[3] Barnett L M, Van Beurden E, Morgan P J, et al. Childhood motor skill proficiency as a predictor of adolescent physical activity [J]. Journal of Adolescent Health, 2009, 44(3): 252-259.

[4] Beurden E V, Zask A, Barnett L M, et al. Fundamental movement skills——How do primary school children perform? The 'Move it Groove it' program in rural Australia [J]. Journal of Science & Medicine in Sport, 2002, 5(3): 244-252.

[5] Brnett L M, Beurden E V, Morgan P J, et al. Does childhood motor skill proficiency predict adolescent fitness? [J]. Medicine & Science in Sports & Exercise, 2008, 40(12): 2137-2144.

[6] Bryant E S, James R S, Birch S L, et al. Prediction of habitual physical

activity level and weight status from fundamental movement skill level [J]. Journal of Sports Sciences, 2014, 32 (19): 1775-1782.

[7] Burton A W. Movement Skill Assessment [M]. Champaign, I L: Human Kinetics, 1998: 333-353.

[8] Butterfield S A, Angell R M, Mason C A. Age and sex differences in object control skills by children ages 5 to 14 [J]. Perceptual and Motor Skills. 2012, 114 (1): 261-274.

[9] Cattuzzo M T, Henrique R D, Re Alessandro H N, et al. Motor competence and health related physical fitness in youth: A systematic review [J]. Journal of Science & Medicine in Sport, 2016, 19 (2): 123-129.

[10] Chow S M K, Yung-Wen H, Henderson S E, et al. The Movement ABC: A Crosscultural Comparison of Preschool Children from Hong Kong, Taiwan, and the USA [J]. Adapted Physical Activity Quarterly, 2006, 23: 31-48.

[11] Clark J E. Motor Development [M]. //Ramachandran V S. Encyclopedia of Human Behavior. New York: Academic Press, 1994: 250.

[12] Cliff D P, Okely A D, Smith L M, et al. Relationships between fundamental movement skills and objectively measured physical activity in preschool children [J]. Pediatric Exercise Science, 2009, 21 (4): 436-449.

[13] Cohen K E, Morgan P J, Plotnikoff R C, et al. Improvements in fundamental movement skill competency mediate the effect of the SCORES intervention on physical activity and cardiorespiratory fitness in children

[J]. Journal of Sports Sciences, 2015, 33（18）: 1908-1918.

[14] Cools W, De Martelaer K, Samaey C, et al. Movement Skill Assessment of Typically Developing Preschool Children: A Review of Seven Movement Skill Assessment Tools [J]. Journal of Sports Science and Medicine, 2009, 8（2）: 154-168.

[15] Cools W, De Martelaer K, Vandaele B, et al. Assessment of Movement Skill Performance in Preschool Children: Convergent validity between MOT 4-6 and M-ABC [J]. Journal of Sports Science and Medicine, 2010（9）: 597-604.

[16] Fisher A, Reilly J J, Kelly L A, et al. Fundamental movement skills and habitual physical activity in young children [J]. Medicine & Science in Sports & Exercise, 2005, 37（4）: 684-688.

[17] Franjko I, Zuvela F, Kuna D, et al. Relations between some anthropometric characteristics and fundamental movement skills in eight-year-old children [J]. Croatian Journal of Education, 2013, 15: 195-209.

[18] Gallahue D L, Donnelly F C. Developmental Physical Education for All Children. 4th ed [M]. Champaign, IL: Human Kinetics, 2007: 744.

[19] Giblin S, Collins D, Button C. Physical Literacy: Importance, Assessment and Future Directions [J]. Sports Medicine, 2014, 44（9）: 1177-1184.

[20] Goodway J D, Ozmun J C. Gallahue D L. Understanding Motor Development——Infants, Childern, Adolescents Adults (Eight Edition) [M]. Burlington, MA: Jones & Bartlett Learning, 2012:

48, 316, 409-410.

[21] Hands B. Changes in motor skill and fitness measures among children with high and low motor competence: A five-year longitudinal study [J]. Journal of Science and Medicine in Sport, 2008, 11 (2): 155-162.

[22] Hardy L L, King L, Farrell L, et al. Fundamental movement skills among Australian preschool children [J]. Journal of Science and Medicine in Sport, 2010, 13 (5): 503-508.

[23] Henrique R S, Ré Alessandro H N, Stodden D F, et al. Association between sports participation, motor competence and weight status: A longitudinal study [J]. Journal of Science & Medicine in Sport, 2016, 19 (10): 825-829.

[24] Herrmann C, Heim C, Seelig H. Construct and Correlates of Basic Motor Competencies in Primary School-Aged Children [J]. Journal of Sport and Health Science, 2017, 8 (1): 64-74.

[25] Houwen S, Hartman E, Visscher C. Physical activity and motor skills in children with and without visual impairments [J]. Medicine & Science in Sports & Exercise, 2009, 1 (1): 103-109.

[26] Hume C, Okely A, Bagley S, et al. Does weight status influence associations between children's fundamental movement skills and physical activity? [J]. Research Quarterly for Exercise & Sport, 2008, 79 (2): 158-165.

[27] Johnson R D. Measurements of achievement in fundamental skills of elementary school children [J]. Research Quarterly, 1962, 33: 94-103.

[28] Kambas A, Venetsanou F. The Democritos Movement Screening Tool for Preschool Children (DEMOST-PRE (c)): Development and factorial validity [J]. Research in Developmental Disabilities, 2014, 35 (7): 1528-1533.

[29] Kim C I, Lee K Y. The relationship between fundamental movement skills and body mass index in Korean preschool children [J]. European Early Childhood Education Research Journal, 2016, 24 (6): 928-935.

[30] Kiphard E J, Schilling F. Körperkoordinationstest für Kinder:KTK [M]. Weinheim: Die Verlagsgruppe Beltz, 2007.

[31] Klingberg B, Hoeboer J J A A M, Schranz N, et al. Validity and Feasibility of an Obstacle Course to Assess Fundamental Movement Skills in a Preschool Setting [J]. Journal of Sports Sciences, 2019, 37 (2): 1-9.

[32] Klingberg B, Schranz N, Barnett L M, et al. The Feasibility of Fundamental Movement Skill Assessments for Pre-school Aged Children [J]. Journal of Sports Sciences, 2019, 37 (4): 378-386.

[33] Lander N, Morgan P J, Salmon Jo, et al. The Reliability and Validity of an Authentic Motor Skill Assessment Tool for Early Adolescent Girls in an Australian School Setting [J]. Journal of Science and Medicine in Sport, 2017, 20 (6): 590-594.

[34] Lander N, Nahavandi D, Mohamed S, et al. Bringing Objectivity to Motor Skill Assessment in Children [J]. Journal of Sports Sciences, 2020, 38 (13): 1539-1549.

[35] Lane H, Brown T. Convergent Validity of Two Motor Skill Tests Used to

Assess School-Age Children [J]. Scandinavian Journal of Occupational Therapy, 2014, 22 (3): 1-12.

[36] Larsen L R, Kristensen P L, Junge T, et al. Motor performance as predictor of physical activity in children: The CHAMPS Study-DK [J]. Medicine & Science in Sports & Exercise, 2015, 47 (9): 1849-1856.

[37] Lindsay A R, Dyrek A J, Blitstein J L, et al. Interrater Reliability of a Field-Based Preschool Movement Skills Assessment [J]. Journal of Nutrition Education and Behavior, 2018, 50 (10): 1040-1045.

[38] Livesey D, Coleman R, Piek J. Performance on the Movement Assessment Battery for Children by Australian 3-to 5-year-old children [J]. Child Care, Health and Development, 2007, 33 (6): 713-719.

[39] Logan S W, Robinson L E, Wilson A E, et al. Getting the fundamentals of movement: A meta-analysis of the effectiveness of motor skill interventions in children [J]. Child: Care, Health and Development, 2012, 38 (3): 305-315.

[40] Longmuir P E, Boyer C, Meghann L, et al. Canadian Agility and Movement Skill Assessment (CAMSA): Validity, objectivity, and reliability evidence for children 8-12 years of age [J]. Journal of Sport and Health Science, 2017, 6 (2): 231-240.

[41] Lopes V P, Maia J A R, Rodrigues L P, et al. Motor coordination as predictor of physical activity in childhood [J]. Scandinavian Journal of Medicine & Science in Sports, 2011, 21 (5): 663-669.

[42] Lopes V P, Rodrigues L P, Maia J A R, et al. Motor coordination,

physical activity and fitness as predictors of longitudinal change in adiposity during childhood [J]. European Journal of Sport Science, 2012, 12(4): 384-391.

[43] Mayson T A, Harris S R, Bachman C L. Gross Motor Development of Asian and European Children on Four Motor Assessments: A Literature Review [J]. Pediatric Physical Therapy, 2007, 19(2): 148-153.

[44] Metcalfe J, Clark J E. The mountain of motor development A metaphor [M]. Motor development. Motor development: Research and reviews, 2002: 163-190.

[45] Morano M, Colella D, Caroli M. Gross motor skill performance in a sample of overweight and non-overweight preschool children [J]. International Journal of Pediatric Obesity, 2011, 6(S2): 42-46.

[46] Morrison K M, Bugge A, Ei-Naaman B, et al. Inter-relationships among physical activity, body fat, and motor performance in 6-to 8-year-old Danish children [J]. Pediatric Exercise Science, 2012, 24(2): 199-209.

[47] Olrich T W. Assessing Fundamental Motor Skills in the Elementary School Setting: Issues and solutions [J]. Journal of Physical Education, Recreation & Dance, 2002, 73(7): 26-28.

[48] Payne V G, Lsaacs L D. Human Motor Development A Lifespan Approach (Eighth Edition) [M]. Connect Learn Succeed, 2012: 422, 519.

[49] Payne V, Isaacs L. Human Motor Development [M]. New York: Routledge, 2016: 524-525.

[50] Petty K. Developmental Milestones of Young Children [M]. St Paul, MN: Redleaf Press, 2016.

[51] Quiterio A, Martins J, Onofre M, et al. MOBAK 1 Assessment in Primary Physical Education: Exploring Basic Motor Competences of Portuguese 6-Year-Olds [J]. Perceptual & Motor Skills, 2018, 125 (6): 1055-1069.

[52] Rainer B, Bouwien S E, Helene P, et al. European Academy for Childhood Disability: recommendations on the definition, diagnosis and intervention of developmental coordination disorder [J]. Developmental Medicine and Child Neurology, 2012, 54 (1): 54-93.

[53] Read J C, MacFarlane S, Casey C. Endurability, engagement and expectations: Measuring children's fun [J]. Interaction Design and Children, 2002 (2): 1-23.

[54] Robert D, Johnson R D. Measurements of achievement in fundamental skills of elementary school children [J]. American Association for Health, Physical Education and Recreation, 1962, 33 (1): 94-103.

[55] Roberts D, Veneri D, Decker R, et al. Weight status and gross motor skill in kindergarten children [J]. Pediatric Physical Therapy, 2012, 24 (4): 353-360.

[56] Roebers C M, Rothlisberger M, Neuenschwander R, et al. The relation between cognitive and motor performance and their relevance for children's transition to school: a latent variable approach [J]. Human Movement Science, 2014, 33: 284-297.

[57] Sigmundsson H, Haga M. Motor competence is associated with physical fitness in four- to six-year-old preschool children [J]. European Early

Childhood Education Research Journal, 2016, 24（3）: 477-488.

[58] Sigmundsson H, Rostoft M S. Motor Development: Exploring the Motor Competence of 4-year-old Norwegian Children [J]. Scandinavian Journal of Educational Research, 2003, 47（4）: 451-459.

[59] Slotte S, Saakslahti A, Mersaemuuronen J, et al. Fundamental movement skill proficiency and body composition measured by dual energy X-ray absorptiometry in eight-year-old children [J]. Early Child Development and Care, 2015, 185（3）: 475-485.

[60] Smith J. Activities for Gross Motor Skills Development [M]. CA: Teacher Created Resources, 2016.

[61] Spessato B C, Gabbard C, Valentini N C. The role of motor competence and body mass index in children's activity levels in physical education classes [J]. Journal of Teaching in Physical Education, 2013, 32（2）: 118-130.

[62] Stodden D F, Goodway J D, Langendorfer S J, et al. A developmental perspective on the role of motor skill competence in physical activity: An emergent relationship [J]. Quest, 2008, 60: 290-306.

[63] Truter L, Pienaar A E, Du Toit D. The relationship of overweight and obesity to the motor performance of children living in South Africa [J]. South African Family Practice, 2014, 54（5）: 429-435.

[64] Tyler R, Foweather L, Mackintosh K A, et al. A Dynamic Assessment of Children's Physical Competence [J]. Medicine & Science in Sports & Exercise, 2018, 50（12）: 2474-2487.

[65] Van Kernebeek W G, De Kroon M L A, Savelsbergh G J P, et al. The Validity of the 4-Skills Scan A double-validation Study [J]. Scandinavian Journal of Medicine & Science in Sports, 2018, 28

（11）：2349-2357.

[66] Van Waelvelde H, Peersman W, Lenoir M, et al. Convergent Validity Between Two Motor Tests: Movement-ABC and PDMS-2 [J]. Adapted Physical Activity Quarterly, 2007, 24（1）：59-69.

[67] Vandendriessche J B, Vandorpe B, Coelho-E-Silva M J, et al. Multivariate association among morphology, fitness, and motor coordination characteristics in boys age 7 to 11 [J]. Pediatric Exercise Science, 2011, 23（4）：504-520.

[68] Williams H G, Pfeiffer K A, Dowda M, et al. A Field-Based Testing Protocol for Assessing Gross Motor Skills in Preschool Children: The Children's Activity and Movement in Preschool Study Motor Skills Protocol [J]. Measurement in Physical Education and Exercise Science, 2009, 13（3）：151-165.

[69] Williams H G, Pfeiffer K A, O'neill J R, et al. Motor skill performance and physical activity in preschool children [J]. Obesity, 2008, 16（6）：1421-1426.

[70] Wrotniak B H, Epstein L H, Dorn J M, et al. The relationship between motor proficiency and physical activity in children [J]. Pediatrics, 2006, 118（6）：1758-1765.

[71] Zhu Y C, Wu S K, Cairney J. Obesity and motor coordination ability in people in Taiwan children with and without developmental coordination disorder [J]. Research in Developmental Disabilities, 2011, 32（2）：801-807.

[72] [美]卡普兰（Kaplan R. M.）. 心理测验：原理、应用及问题 [M]. 赵国祥，译. 5版. 西安：陕西师范大学出版社，2005：113.

［73］［美］佩恩，耿培新，梁国立. 人类动作发展概论［M］. 北京：人民教育出版社，2008：460.

［74］戴海崎，张锋，陈雪枫. 心理与教育测量［M］. 3版. 广州：暨南大学出版社，2012：84.

［75］郭晨. 学龄前儿童粗大动作发展评价量表的研制［D］. 北京：北京体育大学，2017.

［76］郭蓉. 3-10岁儿童立定跳远动作发展特征研究［D］. 济南：山东师范大学，2014.

［77］胡虞志. 幼儿体格发育及基本动作发展的追踪研究［J］. 学校卫生，1989（3）：8-10.

［78］黄光扬. 教育测量与评价［M］. 2版. 上海：华东师范大学出版社，2012：5-6，35，66，117，122，155.

［79］黄嘉琪. 3-6岁儿童器械操控能力发展研究［D］. 上海：华东师范大学，2019.

［80］贾晓彤. 3-10岁儿童单脚跳动作发展特征研究［D］. 济南：山东师范大学，2013.

［81］姜妮娜. 3-10岁儿童双手接球动作发展特征研究［D］. 济南：山东师范大学，2013.

［82］李静，刁玉翠. 3～10岁儿童基本动作技能发展比较研究［J］. 中国体育科技，2013，49（3）：129-132.

［83］李鹏鹏. 3-10岁儿童踢球动作发展特征研究［D］. 济南：山东师范大学，2014.

［84］刘志宇. 临汾市3-6岁幼儿基本动作技能评价及发展策略［D］. 太原：山西师范大学，2019.

［85］柳倩，曾睿. 3-5岁儿童动作发展及其与早期认知、学习品质的关系研究［J］. 全球教育展望，2018，47（5）：94-112.

［86］柳倩，周念丽，张晔. 学前儿童健康学习与发展核心经验［M］. 南京：南京师范大学出版社，2016.

［87］罗伯特·F. 德威利斯. 量表编制：理论与应用［M］. 席仲恩，杜钰，译. 3版. 重庆：重庆大学出版社，2016：84，107，167.

［88］罗金良. 济南市3-10岁儿童跨步跳动作发展特征之研究［D］. 济南：山东师范大学，2013.

［89］马红霞. 在我国应用大肌肉动作发展测验（TGMD-2）的信效度分析［D］. 济南：山东师范大学，2006.

［90］马瑞，沈建华，王改芳. 美国"幼小衔接"动作技能学习对我国学前运动教育的启示［J］. 体育学刊，2020，27（4）：121-126.

［91］美国国家体育课程标准（2014）SHAPE America – Society of Health and Physical Educators；principal writers，Lynn Couturier，St. National standards & grade-level outcomes for K-12 physical education ［M］. IL：Human Kinetics，Inc，2014.

［92］孟祥芝，谢利苹. 幼儿动作发展与动作抑制研究［J］. 心理发展与教育，2004（3）：6-10.

［93］宁科. 幼儿大肌肉动作发展特征及教学指导策略研究［D］. 北京：北京体育大学，2017.

［94］邱皓政. 量化研究与统计分析SPSS中文视窗版数据分析范例解析［M］. 重庆：重庆大学出版社，2009：314，360.

［95］苏亚斌. 北京市3-6岁幼儿粗大动作发展现状研究［D］. 北京：首都体育学院，2018.

［96］孙晓敏，关丹丹. 经典测量理论与项目反应理论的比较研究［J］. 中国考试（研究版），2009（9）：10-17.

［97］汪晓赞，尹志华，Lynn Dale Housner，等. 美国国家体育课程标准的历史流变与特点分析［J］. 成都体育学院学报，2015，41

（2）：8-15.

[98] 王健，何玉秀. 高等学校教材：健康体适能［M］. 北京：高等教育出版社，2010：8.

[99] 王丽霞. 3-11岁儿童击打高远球动作发展特征研究［D］. 石家庄：河北师范大学，2016.

[100] 王孟成，戴晓阳，姚树桥. 中国大五人格问卷的初步编制Ⅱ：效度分析［J］. 中国临床心理学杂志，2010，18（6）：687-690.

[101] 王孝玲. 教育测量［M］. 上海：华东师范大学出版社，2005：80-81，132-133，168.

[102] 王昕越. 幼儿行走动作发展特征的研究［D］. 北京：北京体育大学，2013.

[103] 文蕊香，姜桂萍，纪仲秋，等. 3~6岁幼儿上手投掷动作发展特征研究［J］. 天津体育学院学报，2018，33（3）：217-223.

[104] 吴明隆. 问卷统计分析实务SPSS操作与应用［M］. 重庆：重庆大学出版社，2010：217，220，232.

[105] 吴升扣，姜桂萍. 儿童早期动作发展测量的研究进展［J］. 北京体育大学学报，2014，37（4）：81-87.

[106] 张超超. 3-10岁儿童前滑步动作发展特征研究［D］. 济南：山东师范大学，2014.

[107] 张莹. 我国3~6岁幼儿基本动作发展特征研究——以北京市某一级幼儿园幼儿的投掷动作发展为例［J］. 中国体育科技，2013，49（4）：92-102.

[108] 中国各省市婴幼儿男女比例（360doc. com）.

[109] 庄弼，任绮，李孟宁，等. 幼儿体育活动及其内容体系的思考［J］. 体育学刊，2015，22（6）：64-70.

附　录

附录 A　幼儿基本动作技能评价访谈提纲

1. 您认为学前运动教育是否需要对儿童进行评价？评价的目的和作用是什么？

2. 目前在幼儿运动教育领域，对儿童的评价是怎样的？

3. 目前的评价具有哪些优点和不足？

4. 影响幼儿运动评价的因素有哪些？

5. 学前运动教育是否依据《指南》进行教学，教学中是如何处理动作技能掌握的？

6. 您认为对幼儿的运动评价，是应该着眼于运动表现的结果（如时间、次数），还是动作技能的过程性评价（如某个特定环节是否做到位）？

7. 您理想中的儿童运动评价是怎样的？

8. 将几个动作串联起来，对儿童进行测试评价，您觉得这样的方式是否可行？需要注意哪些问题？

附录 B　3～6 岁幼儿基本动作技能测试动作筛选专家调查问卷

尊敬的专家：

您好！

我们是《3—6 岁幼儿基本动作技能发展评价研究》课题组。本课题力求研制与学前运动教育环境相适应、方便学前教师实践操作的基本动作技能评价方法，目前正处于动作条目筛选阶段。作为学前儿童运动教育实践、动作技能发展领域的专家，您的意见是我们研究的重要支撑，我们诚挚邀请您填写问卷。

本问卷分为 3 部分：

第一部分，您的基本情况。

第二部分，关于基本动作技能指标必要性判断。请您对表格中列出的 3～6 岁儿童动作发展中常见的基本动作进行判定，决定这些动作是否应纳入评价方法的测试条目，请在"非常必要、必要、一般、没必要、非常没必要"对应的方框下画"√"。如果您有其他动作技能评价的建议，请在"其他补充"后面填写。

判断时请兼顾以下标准：

● 动作适合 3～6 岁幼儿，且能够安全完成。

● 幼儿园区域活动和集体活动中，该动作经常被涉及。

● 动作的掌握对儿童后续体育活动参与具有基础性作用。

第三部分，关于您对评价指标的判断依据和熟悉程度。判断依据分为 4 类：主观判断，同行了解，理论分析，实践经验；熟悉程度分为 5 级：很不熟悉、不熟悉、一般、熟悉、很熟悉，请根据您的实际情况在相应方框（□）中画"√"。

衷心感谢您的大力支持！

全国教育规划教育部重点课题
《3—6岁幼儿基本动作技能发展评价研究》
课题组

一、您的基本情况

您的姓名：_____； 职称：_____；

您的专业：_____； 学历/学位：_____；

工作单位：_____。

二、基本动作技能指标必要性判断

一级指标	二级指标	非常必要	必要	一般	没必要	非常没必要
位移技能	双脚连续向前跳					
	钻爬（匍匐爬、膝盖着地爬、膝盖悬空爬）					
	攀爬（爬攀登架）					
	躲闪					
	助跑跨跳过一定距离					
	助跑跨跳过一定高度的物体					
	连续跳绳					
	单脚连续向前跳					
	快跑					
	连续行走					
	其他补充：					

续表

一级指标	二级指标	非常必要	必要	一般	没必要	非常没必要
操控技能	双手向上抛球					
	连续自抛自接球					
	连续拍球					
	单手前掷沙包					
	其他补充：					

一级指标	二级指标	非常必要	必要	一般	没必要	非常没必要
稳定性技能	沿直线走					
	斜坡、荡桥行走					
	走平衡木					
	其他补充：					

三、专家判断依据和熟悉程度自评

一级指标	指标熟悉程度					指标判断依据			
	很熟悉	熟悉	一般	不熟悉	很不熟悉	主观判断	同行了解	理论分析	实践经验
位移技能						□	□	□	□
操控技能						□	□	□	□
稳定性技能						□	□	□	□

续表

二级指标	指标熟悉程度					指标判断依据			
	很熟悉	熟悉	一般	不熟悉	很不熟悉	主观判断	同行了解	理论分析	实践经验
双脚连续向前跳						□	□	□	□
钻爬（匍匐爬、膝盖着地爬、膝盖悬空爬）						□	□	□	□
攀爬（爬攀登架）						□	□	□	□
躲闪						□	□	□	□
助跑跨跳过一定距离						□	□	□	□
助跑跨跳过一定高度的物体						□	□	□	□
连续跳绳						□	□	□	□
单脚连续向前跳						□	□	□	□
快跑						□	□	□	□
连续行走						□	□	□	□
双手向上抛球						□	□	□	□
连续自抛自接球						□	□	□	□
连续拍球						□	□	□	□
单手前掷沙包						□	□	□	□
沿直线走						□	□	□	□
斜坡、荡桥行走						□	□	□	□
走平衡木						□	□	□	□

附录C 3~6岁幼儿基本动作技能测试方法筛选问卷（问卷星形式）

尊敬的老师：

您好！

动作技能是3~6岁儿童运动能力与体质健康发展的重要依托，此阶段动作技能的发展对青少年时期，乃至其终身运动习惯及身体健康都具有积极影响。

为更好地助力学前运动教育，促进儿童动作技能发展，本课题组根据《3—6岁儿童学习与发展指南》"健康"专题中提及的18项动作技能，经专家教师筛选，选出9项当前学前教育普遍关注的、儿童动作技能发展更需要的动作技能，并基于国内外现有动作技能测试方法，针对每项动作技能设置3种不同测试手段，请您根据教学经验，针对幼儿园运动实践的适用性及幼儿完成的可行性，对动作技能的测试方法做出适宜性评价。

（1）每种方法设有"高、中、低"三级适宜度，请在相应位置标记适宜度。

（2）如果您有其他经常使用的幼儿动作技能测试方法，请在"其他建议"区域内填写。

感谢您的配合！

全国教育规划教育部重点课题
《3—6岁幼儿基本动作技能发展评价研究》课题组

【个人信息】

1. 您的性别：

○男　　○女

2. 您的年龄段：

○ 20~30岁

○ 31~40岁

○ 41~50岁

○ 50岁以上

3. 您的教龄：

○ 1~5年

○ 6~10年

○ 11~15年

○ 16~20年

○ 21年以上

4. 您从事学前运动教育的年限：

○ 1~5年

○ 6~10年

○ 11~15年

○ 16~20年

○ 20年以上

5. 您的职称（没有可填"无"）：

_____

6. 您目前所任教的年级：

○幼儿园小班

○幼儿园中班

○幼儿园大班

【位移动作技能】——快跑

快跑测试项目①

1.10 米折返跑，在返回处设置一个手触物体。

2. 每组受试者为 2 人，以"站立式"起跑姿势站在线前，听到"跑"口令后出发。

3. 测试 2 次，记录完成时间。

快跑测试项目②

1.5 米向前向后跑，折线处设置一个手触物体。

2. 幼儿向前跑摸到手触物体后，后退跑至起跑线（不转身）。

3. 儿童连续来回跑 2 次被认为 1 次尝试。测试 2 次，记录成功完成的次数。

快跑测试项目③

1. 在 15 米距离的起终点放置 2 个标志桶，幼儿从 1 个标志桶快速跑向另一标志桶，再跑回起点。

2. 测试 2 次，记录关键动作环节表现。

请对"快跑"动作技能的测试方法进行适宜性评价：

	低	中	高
快跑测试项目①	○	○	○
快跑测试项目②	○	○	○
快跑测试项目③	○	○	○

【位移动作技能】——双脚连续跳

双脚连续跳测试项目①

1. 儿童在起始垫上双脚并拢，双脚连续向前跳跃 5 个 60 厘米 ×60 厘米的垫子。

2. 连续跳跃 5 次视为成功完成（没有跳到垫子外面或垫子连接处）。

3. 测试 2 次，记录成功完成的次数。

双脚连续跳测试项目②

1. 儿童在起始圈外双脚并拢，连续双脚跳跃3个直径63厘米的呼啦圈。

2. 双脚连续跳跃3次，且没有踩到呼啦圈为成功完成。

3. 测试2次，记录成功完成的次数。

双脚连续跳测试项目③

1. 儿童在起始线外双脚并拢，双脚连续跳过10块长10厘米、高5厘米的软沙包。

2. 测试2次，记录双脚并拢连续从沙包上方跳过的次数（没有停顿和垫步）。

请对"双脚连续跳"动作技能的测试方法进行适宜性评价：

	低	中	高
双脚连续跳测试项目①	○	○	○
双脚连续跳测试项目②	○	○	○
双脚连续跳测试项目③	○	○	○

【位移动作技能】——单脚连续向前跳

单脚连续向前跳测试项目①

1. 儿童以单脚连续向前跳，跳过3米直线后，转身换另一只脚连续跳回起点。

2. 全程要保持单腿连续跳跃，停顿不超过1秒，跳完全程视为成功完成1次。

3. 测试2次，记录成功完成的次数。

单脚连续向前跳测试项目②

1. 儿童在4.6米距离的2个标志桶间，从起点用一只脚跳至终点，再转身换另一只脚跳回。

2. 分别用左右2只脚连续跳3下，视为1次成功。

3. 测试2次，记录成功完成的次数。

请对"单脚连续向前跳"动作技能的测试方法进行适宜性评价：

	低	中	高
单脚连续向前跳测试项目①	○	○	○
单脚连续向前跳测试项目②	○	○	○

【位移动作技能】——钻爬

钻爬测试项目①

1. 儿童在长 3.3 米的拼接垫子上快速向前爬行（小班手膝爬，中大班手脚爬）。

2. 全程幼儿的手与脚均不能偏离垫子。

3. 测试 2 次，记录幼儿爬行的最快时间。

钻爬测试项目②

1. 儿童在长 3.3 米的拼接垫子向前爬行后，不转身，倒退爬回起点。

2. 全程幼儿的手与脚均不能偏离垫子。

3. 测试 2 次，记录幼儿爬行的最快时间。

钻爬测试项目③

1. 儿童在长 3.3 米的拼接垫子上快速向前爬行。

2. 在每隔 1 米的地方放一块横立规格为 120 厘米 ×60 厘米 ×5 厘米 / 10 厘米的折叠体操垫作为桥洞，全程幼儿的手与脚均不能偏离垫子，且横立的垫子不能倒下。

3. 测试 2 次，记录幼儿爬行的最快时间。

请对"钻爬"动作技能的测试方法进行适宜性评价：

	低	中	高
钻爬测试项目①	○	○	○
钻爬测试项目②	○	○	○
钻爬测试项目③	○	○	○

【操控动作技能】——拍球

拍球测试项目①

1. 儿童双脚不移动，一只手连续拍球 4 次，将球在胸前抓住。

2. 测试 2 次，记录成功完成的次数。

拍球测试项目②

1. 儿童双脚不移动，一只手连续单手拍球 4 次后，在不停球的情况下换另一只手再连续单手拍球 4 次，然后将球在胸前抓住、停球，视为 1 次成功完成。

2. 测试 2 次，记录成功完成的次数。

拍球测试项目③

1. 儿童双手连续向下拍球 5 次后，将球接住，为成功完成 1 次。

2. 评估 2 次测试，记录成功完成的次数。

请对"拍球"动作技能的测试方法进行适宜性评价：

	低	中	高
拍球测试项目①	○	○	○
拍球测试项目②	○	○	○
拍球测试项目③	○	○	○

【操控动作技能】——单手前掷沙包

单手前掷沙包测试项目①

1. 儿童站在距墙 1.5 米远的起始线前，向墙上高 1.1 米，直径 40 厘米的标志物用单手上手掷 6 个直径 65 毫米，重约 80 克的沙包。

2. 测试 2 次，记录击中目标的最多次数。

单手前掷沙包测试项目②

1. 儿童用单手下手前掷的动作，将 10 个直径 65 毫米，重约 80 克的沙包掷向 1.8 米外的标志垫。

2. 测试 2 次，记录击中目标的最多次数。

单手前掷沙包测试项目③

1. 儿童站在距墙 6 米远的地方，将球以单手高手的姿势用力砸向距地面 5 米高的墙上标志物。

2. 重复 2 次测试，记录关键动作环节的完成情况。

请对"单手前掷沙包"动作技能的测试方法进行适宜性评价：

	低	中	高
单手前掷沙包测试项目①	○	○	○
单手前掷沙包测试项目②	○	○	○
单手前掷沙包测试项目③	○	○	○

【操控动作技能】——向上抛球

向上抛球测试项目①

1. 儿童以双手下手向前抛球动作，将直径为 20.32～25.4 厘米的球，抛向 2 米远、高 1.5 米的杆子。

2. 尝试 10 次，记录抛过高 1.5 米的杆子的次数。

向上抛球测试项目②

1. 儿童以双手下手抛球动作，将直径为 20.32～25.4 厘米的球，抛向 2 米远、悬挂高 1.5 米的呼啦圈内。

2. 儿童尝试 10 次，记录抛过高 1.5 米的杆子的次数。

请对"向上抛球"动作技能的测试方法进行适宜性评价：

	低	中	高
向上抛球测试项目①	○	○	○
向上抛球测试项目②	○	○	○

【稳定性动作技能】——平衡木

平衡木测试项目①

1. 儿童在两条连在一起的 335 厘米的长条凳子上行走。

2. 在行走过程中触摸绑在两条长凳上的 6 个缎带。

3. 测试 2 次，记录幼儿最快的通过时间。

平衡木测试项目②

1. 儿童在至少为 6 米的平衡木上，在听到"开始"口令后，双手侧平举快速通过 6 米终点线。

2. 测试 2 次，记录幼儿最快的通过时间。

平衡木测试项目③

1. 儿童在 3 米的长凳上行走，正着向前走触摸 3 米远的终点线后，向后倒退走，退回终点线（不转身）。

2. 测试 2 次，记录幼儿向前走向后走的最快时间。

请对"平衡木"动作技能的测试方法进行适宜性评价：

	低	中	高
平衡木测试项目①	○	○	○
平衡木测试项目②	○	○	○
平衡木测试项目③	○	○	○

【稳定性动作技能】——沿直线行走

沿直线走测试项目①

1. 儿童两臂平举，抬起脚跟沿直线走 15 米，脚尖必须走在线上。

2. 测试 2 次，记录儿童正确且连续踮脚走的步数。

沿直线走测试项目②

1. 双手叉腰，自然走过 3 米的直线，最多走 6 步。

2. 如若途中步子未在线上、双手未叉腰、绊倒或跌倒，则停止测试。

3. 测试 2 次，记录走在直线上的步数。

沿直线走测试项目③

1. 双手叉腰，脚跟连着脚尖走过 3 米的直线，最多走 6 步，且每一步都是脚尖连脚跟。

2. 如若途中步子未在线上、双手未叉腰、绊倒或跌倒则停止测试。

3. 测试 2 次，记录走在直线上的步数。

请对"沿直线走"动作技能的测试方法进行适宜性评价：

	低	中	高
沿直线行走测试项目①	○	○	○
沿直线行走测试项目②	○	○	○
沿直线行走测试项目③	○	○	○

【建议收集】

请列举其他您推荐纳入的动作技能测试项目和方法（没有可填"无"）：

_____

附录D 3~6岁幼儿基本动作技能评价操作手册

一、前言

在 3~6 岁学前时期，幼儿运动学习的重要内容是发展基本动作技能。基本动作技能（fundamental movement skill）又称基本运动技能（fundamental motor skill），根据国外动作技能的主流观点，基本动作技能包括 3 大类："位移技能""操控技能""稳定性技能"。"位移技能"指儿童逐步发掘自身机体能力以便在空间移动和探索动作，包括跑、跳、单脚跳、双脚跳等动作形式；"操控技能"指借助操作物体进行动作的技能群，主要围绕球类技能，包括"抛、接、踢、拍、击"。"稳定性技能"指儿童控制肌肉组织对抗重力的能力。这些单个动作不仅是人体基本的活动形式，更是各类竞技运动项目技术的基本要素构成，儿童时期如果没有掌握这些基本动作技能，将影响后续青少年时期综合运动能力的形成和复杂专项运动的技术学习。反之，良好的基本动作技能基础，使幼儿具备了学习运动技术的基础能力，有助于增加运动自信，提升自主体育锻炼意愿，促进终身运动参与。

2012 年，我国教育部颁布了《3—6 岁儿童学习与发展指南》（以下简称《指南》），首次将"动作技能"作为健康领域的一部分，列入学前儿童学习的内容，实现了我国学前运动教育跨越式发展。《指南》指出，在动作发展方面，幼儿应"具有一定的平衡能力，动作协调、灵敏"，并提出了针对各年龄段的具体目标，涉及"走、跑、跳、攀、爬、躲闪、抛接球、拍球"等基本动作技能，其本质就是要求学前教育发展幼儿掌握各种基本动作的协调运用能力。

二、评价方案的制定

本操作手册以我国《3—6 岁儿童学习与发展指南》为起点，制定能够反映我国学前体育教育目标和我国体育文化、符合我国儿童发展实际的基本动作技能评价方案。目的在于帮助学前教师确定儿童最近发展区，提供适宜的活动课程；评估儿童动作技能提高的程度，调整课程内容与难度，为学前教师的课程设计与教学提供支撑。

评价的基本动作技能指标和测试项目由从事幼儿运动实践研究的学者、幼儿运动教学研究的学前教研员、运动特色幼儿园园长等 17 名专家，和 29 名学前运动的教研员和具幼儿运动教育实践、有经验的骨干学前教师共同选定。

评价方案包括位移动作技能、操控动作技能、稳定性动作技能 3 大类。位移动作技能包括快跑、单脚跳、双脚跳、钻爬，操控动作技能包括拍球、单手前掷、双手抛，稳定性动作技能包括走平衡木、直线走，共 9 个动作，适用于 3～6 岁儿童基本动作技能的测评。

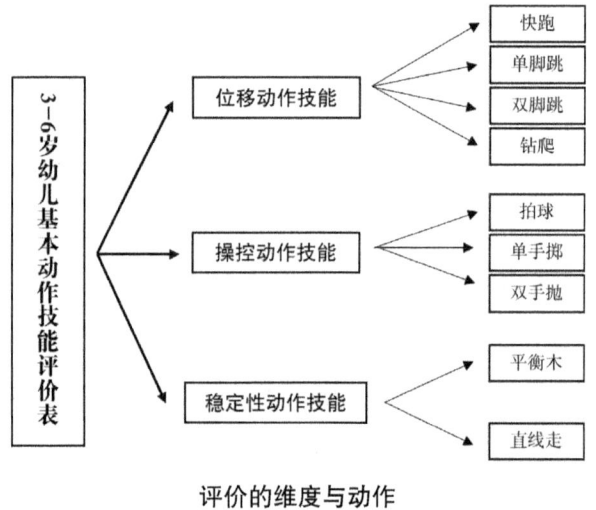

评价的维度与动作

三、评价的实施

建议评价由 2 名测试员完成。测试时，由一名测试员给幼儿进行示范讲解和演示一次，随后组织测试，并在测试过程中对幼儿动作结果进行计数,填写原始记录表;另一名测试员对幼儿动作表现进行记分、评价(建议对幼儿进行录像,录像位置为幼儿身体侧面。测试结束后,对照计分标准,对幼儿的动作表现进行打分和记录)。

测评评价所需的场地,除了10米折返跑在走廊或室外运动场进行测试外,其他8个项目的测试可在6米×10米的室内多功能活动室进行。测试时每次组织3~4名儿童为一组进行测试,全部测试完9个项目需要30~35分钟。

四、评价的记分与等级

(一)评价记分

本次基本动作技能评价表记分包括过程性与结果性评价2部分,权重为1:1。

过程性评价着重评价儿童完成9个动作技能时身体和各部分肢体的表现特征,命名为动作表现分,设定2个动作环节的完成特征,记为0~2分动作表现分。

结果性评价关注儿童成功完成每个动作技能的次数、时间,命名为动作完成分,根据不同动作技能的测试方法,以成功完成动作的次数、完成动作花费的时间来记分,再转换为0~2分的动作完成分(具体记分方法见每个测试项目的操作细则)。最终每项基本动作技能总分为4分,9项技能共计36分。

(二)评价等级

评价等级包括3种形式:

金银铜锡牌:金银铜锡牌提供了一个与运动相关的情境,该评价基于常模得分百分位切点进行划分等级，能够为学前教师提供一个儿童基本动作技能发展的基本概貌，判断幼儿动作技能的"最近发展区"。

年龄量表：学前教师可以利用年龄量表对一名儿童不同维度的基本动作技能的发展情况进行横向比较，找出该名儿童基本动作技能发展的相对优势和需要进一步提高的部分。幼儿教师也可以将该儿童的实足生物年龄与某项技能的教育年龄相比较，找出差距，进行相应的干预和课程设计，继而考查干预后儿童的学习效果和进步程度。

教育商数：该评价以年龄量表得分为基础，将年龄量表得分与儿童实际年龄进行比较，得出商数。学前教师根据教育商数值，可以对不同年龄儿童基本动作技能发展水平进行跨年龄评价。

五、评价方案的质量标准

3～6岁幼儿基本动作技能评价表以上海市公立幼儿园3～6岁幼儿为测试对象，测试对象的抽取采用分层抽样方法。本方案邀请多领域专家参与了评价指标的选定、测试项目的选择，邀请的专家涉及从事幼儿运动实践研究的高校教授、博导、学前教育教研员、运动特色幼儿园园长、幼儿运动教育骨干教师等。专家们具有深厚的幼儿运动发展的理论背景、丰富的幼儿运动实践经验，并且专家对评价指标和测试项目的选择具有较好的一致性。因此，本评价表具有较好的内容效度。

在结构效度上，本方案评价表的设计基于Gallahue等对基本动作技能结构的界定，根据结果显示，本方案三维组合信度分别为0.793、0.781和0.645，聚敛效度近似于0.5，具有较好的聚敛能力。验证性因子分析显示3个维度基本动作技能模型具有良好的适配度。

在效标关联效度方面，与TGMD-2相应维度之间的相关程度比较高，其中，与位移动作维度的相关性为0.472，与操控动作维度的相关性为0.550，与量表总分的相关性为0.572，均达到了统计学显著的水平。稳定性动作与《儿童动作测量量表第二版》（Movement Assessment Battery for Children，MABC）中平衡动作分量表得分的相关系数0.546，相关性具有显著性。

该评价表具有较高的测试稳定性，重测信度相关系数均在0.70以上，最低为0.766，最高为0.825，在0.01水平上具有显著性。

评价表具有非常好的评分者信度，2名评分者对120个样本评价结果的Pearson相关系数均在0.90以上，最低为0.929，最高为0.962，在0.01水平上具有显著性。

六、评分总表

类别	位移动作技能					操控动作技能				稳定性动作技能		
项目	快跑	双脚连续跳	单脚连续跳	钻爬	位移总分	拍球	单手挥沙包	双手向上抛球	操控总分	平衡木	沿直线走	稳定性总分
各项总分（分）	4	4	4	4		4	4	4		4	4	
完成分标准	按照国民体质监测标准判定	无失误完成1次连续跳，积1分，跳2次，共2分	无失误完成1次连续跳，积1分，跳2次，共2分	无失误完成1次爬行，积1分，爬行2次，共2分		连续拍4次及4次以上，并成功抱住球，积1分，拍2次球，共2分	击中0~2次=0分；击中3~4次=1分；击中5~6次=2分	击中0~2次=0分；击中3~4次=1分；击中5~6次=2分		按照标准9分判定	连续在线上走0~8步=1分；连续在线上走9步及以上=2分	
表现分标准（1点1分）	1.臀部（身体横轴）与跑步方向保持垂直 2.两臂弯曲于体侧，前后摆动	1.没有垫步和额外跳跃 2.起跳和落垫时双脚并拢	1.非支撑腿弯曲于身体后方 2.两臂弯曲于体侧，保持平衡	1.对侧手脚交替向前移动 2.头部动作基本保持稳定		1.通过前臂推球（下落）来主动加速球 2.双手手掌接住球	1.投掷手的对侧脚向前跨出一步 2.投掷手置于头侧	1.从下往上抛球 2.从腹前出手		1.通过手臂动作辅助保持平衡 2.走与摆臂带之间衔接流畅，无长时间停顿	1.通过手臂动作辅助保持平衡 2.身体没有明显晃动	
序号	姓名	月龄	表现分	完成分	表现分	完成分	表现分	完成分	表现分	完成分	表现分	完成分	表现分	完成分	表现分	完成分	表现分	完成分	表现分	完成分	总分
项目平均分	全班位移动作技能平均分：					全班操控动作技能平均分：				全班稳定性动作技能平均分：		
类别平均分												

七、评价方法总览

位移动作技能				
	快跑（1）	双脚连续跳（2）	单脚连续跳（3）	钻爬（4）
测试学段	大、中、小班	大、中、小班	大、中、小班	大、中、小班
测试准备	有至少2根的10米跑道，在跑道的终点需要准备明显的胶带标记	有一块空旷的场地便于放置测试的垫子	起点和终点线之间距离3米，并且在起终点线的两边放上4个标志桶	准备长于3.3米的爬行垫，并在起终点线处贴颜色明显的胶带标记
记分标准	记录时间	记录是否完成	记录是否完成	记录是否完成
评价标准	表现分+完成分			
测试工具	1. 高至少1.1米的固定物 2. 显色胶带	1.5块垫子（60厘米×60厘米） 2. 显色胶带	1.4个标志桶 2. 显色胶带	1. 长至少为3.3米，宽60厘米的垫子 2. 显色胶带

操控动作技能			
	拍球（5）	单手前掷沙包（6）	双手向上抛球（7）
测试学段	大、中班	大、中班	大、中班
测试准备	在一片平整的场地上，放置1个3号篮球	在墙高1.1米处贴一直径为40厘米的标志物。在距离墙面1.5米处放置一根平衡梁，或贴一标志线。并准备6个直径为65毫米、重量约80克的沙包	在墙高2米处贴1直径为40厘米的标志物，在距离墙面1.5米处放置一根平衡梁或贴一标志线。并准备一个直径约22-24厘米的瑜伽球（大中班标志物高2米，距墙1.5米；小班标志物高1米，距墙1米。）
记分标准	记录是否完成	记录掷准次数	记录掷准次数
评价标准	表现分+完成分		
测试工具	1. 显色胶带 2. 3号篮球1个	1. 直径65厘米、重约80克的沙包6个 2. 直径为40厘米的标志物1个 3. 胶带或平衡梁	1. 直径22-24厘米的瑜伽球1个 2. 直径为40厘米的标志物1个 3. 胶带或平衡梁

稳定性动作技能		
	平衡木（8）	沿直线走（9）
测试学段	大、中、小班	大、中、小班
测试准备	在一块平整的场地上，放置3个长凳（长×宽×高为355厘米×22厘米×24厘米），在长凳上系6根与长凳不同色的缎带（每1米1根），并标记起始线和终点线（两线之间距离为6.7米）	在一块平整的场地上，贴一条长4.5米的线（宽约为33毫米），并用胶带标记起始线和终点线
记分标准	记录时间	记录走在直线上的步数（若脚尖出线，停止计算）
评价标准	表现分 + 完成分	
测试工具	1. 长凳3个（长×宽×高为355厘米×22厘米×24厘米） 2. 缎带若干（至少为6个） 3. 显色胶带（宽约33毫米）	显色胶带（宽约33毫米）

八、评价操作细则

项目一：位移动作技能——快跑

（1）测试准备：准备2个及2个以上长度超过10米的跑道。在距离起跑线10米处放置一个高度约1.1米的固定物。用显色胶带在起跑线处标示。

（2）测试过程：幼儿需要从起跑线处向10米外的固定物跑去，在快速拍击固定物之后，转身往回跑，冲过起跑线，为1次测试。

（3）完成标准：在规定区域内连续向前跑，且不得触及边线。

（4）评价标准：动作表现分：①臀部（身体横轴）与跑步方向保持垂直。②两臂弯曲于体侧，前后摆动。

动作完成分：共测试1次，成绩按照国民体质监测年龄段、性别给分。国民体质监测中0~1计0分；2~3计1分；4~5计2分。

国民体质监测 10 米折返跑评分表						
年龄	性别	1分	2分	3分	4分	5分
3岁	男	15.8–12.9	12.8–10.3	10.2–9.1	9.0–8.0	<8.0
3.5岁		14.0–11.4	11.3–9.5	9.4–8.4	8.3–7.5	<7.5
4岁		12.4–10.2	10.1–8.6	8.5–7.7	7.6–6.9	<6.9
4.5岁		11.8–9.8	9.7–8.1	8.0–7.3	7.2–6.7	<6.7
5岁		10.3–9.0	8.9–7.7	7.6–7.0	6.9–6.4	<6.4
5.5岁		10.0–8.6	8.5–7.4	7.3–6.8	6.7–6.2	<6.2
6岁		9.4–8.0	7.9–6.9	6.8–6.3	6.2–5.8	<5.8
3岁	女	16.8–13.5	13.4–10.6	10.5–9.4	9.3–8.2	<8.2
3.5岁		14.9–12.1	12.0–9.8	9.7–8.7	8.6–7.7	<7.7
4岁		13.2–10.9	10.8–9.1	9.0–8.1	8.0–7.2	<7.5
4.5岁		12.4–10.3	10.2–8.6	8.5–7.7	7.6–7.0	<7.0
5岁		11.2–9.7	9.6–8.1	8.0–7.3	7.2–6.7	<6.7
5.5岁		10.5–9.1	9.0–7.7	7.6–7.0	6.9–6.4	<6.4
6岁		10.2–8.6	8.5–7.3	7.2–6.6	6.5–6.1	<6.1

（5）测试工具：高约 1.1 米的固定物；显色胶带（约 33 毫米）。

（6）测试指导语：小朋友们，接下来我们要进行一个"你追我赶"的游戏，两个或多个小朋友为一组，我们从起跑线出发，当听到老师喊"跑"字之后，快速向前面的固定物跑去，然后拍一下固定物，转身马上跑回来，冲过我身边的起跑线，大家看老师示范一次。

（7）测试注意事项：在第一次测试时，需提醒幼儿拍击固定物后迅速转身往回跑。

项目二：位移动作技能——双脚连续跳

（1）测试准备：准备 5 块垫子，其中一块为起始垫（垫子规格为：长 × 宽 = 60 厘米 × 60 厘米）。

（2）测试过程：幼儿需要站在起始垫上，然后双脚并拢连续依次跳过 4 块垫子。连续跳 4 块垫子后跳出垫子为 1 次测试。

（3）完成标准：连续跳跃4次视为成功完成（没有跳到垫子外面或者垫子连接处），且停跳不超过1秒，双脚落垫时要落在每个垫子的边界之内。

（4）评价标准：动作表现分：①没有垫步和额外跳跃。②起跳和落垫时双脚并拢。

动作完成分：每成功完成1次，记1分。共测试2次，记2分。

（5）测试工具：5块60厘米×60厘米的垫子，其中一块需标记为起始垫。

（6）测试指导语：小朋友们，你们有见过小兔子跳跳跳吗？接下来，我们要做一回小兔子，在这几块垫子上完成4次兔子跳。"小兔子"们要记住我们跳的时候一定要跳在垫子上，并且快速地通过。我们一起来完成吧！

（7）测试注意事项：在测试演示时，需要强调连续性和跳在垫子边界内。在测试时，可以用言语适当提醒。

项目三：位移动作技能——单脚连续跳

（1）测试准备：用胶带在一片地面平整的场地上标记2条距离为3米的线，并将锥体（标志物）放在线的两端，之间距离大约为1米。

（2）测试过程：幼儿需要站在标记线后，单脚连续向前跳，跳过3米远的另一根标记线后，转身换另一只脚连续跳回起点。在单脚跳的过程中，幼儿需要全程保持单脚连续跳跃，停顿不超过1秒，左右脚均完成跳跃视为1次测试。

（3）完成标准：左右脚均完成3米单脚连续跳跃。

（4）评价标准：动作表现分：①非支撑腿弯曲于身体后方。②两臂弯曲于体侧，保持平衡。

动作完成分：每成功完成1次，记1分。共测试2次，记2分。

（5）测试工具：一卷显色胶带（宽约为30毫米）；4个锥体（标志物）。

（6）测试指导语：小朋友们，我们接下来要进行一个比赛，叫作"谁能行"。我们需要站在起跳线后，用一只脚，跳过对面的这根线，然后再换一只脚从对面跳回来。小朋友们这两根线之间都是"岩浆"，我们在单脚跳跃的过程中千万不可以把抬起的这只脚落下，你们可以做到吗？接下来看老师给大家示范一下！

（7）测试注意事项：在测试演示时，需要强调抬起的脚尽量不要在跳跃过程中落下。如若落下则直接视为一次测试失败，可以让小朋友直接开始第二次测试。

项目四：位移动作技能——钻爬

（1）测试准备：将一块长超过3.3米的爬行垫子，平铺在一块平整的场地上，并在垫子上标记起始线和终点线。

（2）测试过程：幼儿需要在起始线后准备，大班和中班的幼儿用手脚爬的方式（膝盖不落地），小班的幼儿可以采取手膝爬（膝盖落地）。然后开始向前爬，当手触碰到远端的终点线后，不转身倒退爬回起始线，当手触碰到起始线后，记为1次测试。

（3）完成标准：幼儿完成1次往返爬行，爬行过程未有长时间停留（3秒），且在爬行的过程中身体任一部位均未超过爬行垫的边界（指垫子的宽度）。

（4）评价标准：动作表现分：①对侧手脚交替向前移动。②头部动作基本保持稳定。

动作完成分：每成功完成1次，记1分。共测试2次，记2分。

（5）测试工具：一卷显色的胶带（宽约为30毫米），一块长超过3.3米的爬行垫（宽约为60厘米）。

（6）测试指导语：小朋友们，你们有见过小乌龟爬吗？接下来我们要做一次小乌龟，在我们眼前的这块垫子上进行往返爬。小朋友们我们在这根起始线后往前爬，爬的过程中膝盖不着垫（小班膝盖可以落垫），当我们的手碰到前面这根线后，不转身，用原来的方式倒退爬，爬回起点，当我们的手触碰到这根起始线，我们的第一次的任务就完成了，让我们一起来试一下吧！

（7）测试注意事项：在测试演示时，需要强调膝盖落地还是不落地，大班和中班是不落地，小班可以落地。在爬行的过程中可以强调不转身倒退爬和提示幼儿不要爬出垫子，并在快到两根线的时候提示幼儿需要手碰线。

项目五：操控动作技能——钻爬

（1）测试准备：有一块平整的场地，可以用胶带在地面贴一个"十"字标记，并准备1个3号篮球。

（2）测试过程：幼儿需要拿着3号篮球站在"十"字标记周围。然后用单手不换手拍球的方式将球尽量拍在"十"字标记上。拍4次以上并成功接住球，记为1次测试。

（3）完成标准：幼儿可以原地站立不动（即尽量将球拍在"十"字标记上）连续单手不换手拍4次及4次以上并能用双手成功将球接住。

（4）评价标准：动作表现分：①通过前臂推球（无下落）来主动加速球。②双手手掌接住球。

动作完成分：每成功完成1次，记1分。共测试2次，记2分。

（5）测试工具：一卷显色的胶带（宽约为30毫米），1个3号篮球。

（6）测试指导语：小朋友们，大家知道这个是什么吗？对了，接下来我们要一起玩"拍拍拍"的游戏。我们看到这里有一个"十"字吗？接下来我们需要用一只手并且以一直不换手的方式，把球砸中这个"十"字，我们需要连续砸4次，然后双手把这个球抱住。让我们看看谁能砸得又准，抱得又稳。接下来看老师示范一下哦！

（7）测试注意事项：在测试演示时，需要强调"原地不动"，并且要提醒小朋友一定拍满 4 次，并且将球抱住。

项目六：操控动作技能——单手前掷沙包

（1）测试准备：有一块平整的场地，用胶带将一个直径为 40 厘米的目标物贴在距地面 1.1 米高的墙面上，在距墙面 1.5 米处放置一根平衡梁或贴显色胶带做标记。准备 6 个直径为 65 毫米，重量约 80 克的沙包。

（2）测试过程：幼儿需要站在平衡梁或标记线后，以单手上手投掷的方式，依次将 6 个直径为 65 毫米，重量约 80 克的沙包向墙面上直径为 40 厘米的标志物投掷。投掷完 6 个沙包则为测试结束。

（3）完成标准：幼儿击中目标算 1 分，尝试 6 次，按命中率计分。

（4）评价标准：动作表现分：①投掷手的对侧脚向前跨出一步。②投掷手置于头后方。

动作完成分：每个幼儿有 6 次测试（没有试验）。每次击中或抓住都会被记录下来。0～2 次命中为 0 分；3～4 次命中为 1 分；5～6 次命中为 2 分。

（5）测试工具：一卷显色的胶带（宽约为 30 毫米）或平衡梁，一个直径为 40 厘米的目标物，6 个直径为 65 毫米，重量约 80 克的沙包。

（6）测试指导语：小朋友们，接下来我们要比一比谁扔得准。大家有见过士兵扔手榴弹的样子吗？今天我们要来做一回小小士兵。我们需要站在这根标记线后，两脚前后站立，用单手上手投掷的动作，也就是这样做（示范），将 6 个沙包，扔到对面墙上的"绿苹果"（直径为 40 厘米的标志物）。我们比一比谁扔得多好不好？接下来请各位小小士兵看老师示范一下。

（7）测试注意事项：在测试演示时，需要强调单手上手投掷的动作。且如果没有高于地面的标记物，请提醒小朋友脚一定不能超过标记线。请测试者谨记，在本测试项目中，每个小朋友只有 6 次机会，没有试验。

项目七：操控动作技能——双手向上抛球

（1）测试准备：本项目分为大、中班和小班2种测试准备。

A. 大班和中班：

有一块平整的场地，用胶带将一个直径为40厘米的目标物贴在距地面2米高的墙面上，在距墙面1.5米处放置一根平衡梁或贴显色胶带做标记。准备一个直径22～24厘米的瑜伽球。

B. 小班：

有一块平整的场地，用胶带将一个直径为40厘米的目标物贴在距地面1米高的墙面上，在距墙面1米处放置一根平衡梁或贴显色胶带做标记。准备一个直径22～24厘米的瑜伽球。

（2）测试过程：幼儿需要站在平衡梁或标记线后，以双手向上抛球的方式（抛球前轨迹从下向上），将直径为22～24厘米的瑜伽球抛向墙面上直径为40厘米的标志物。6次抛球之后为测试结束。

（3）完成标准：幼儿击中目标算1分，尝试6次，按命中率计分。

（4）评价标准：动作表现分：①从下往上抛球。②从腹前出手。

动作完成分：每个幼儿有6次测试（没有试验）。每次击中或抓住都会被记录下来。0～2次命中为0分；3～4次命中为1分；5～6次命中为2分。

（5）测试工具：一卷显色的胶带（宽约为30毫米）或平衡梁，一个直径为40厘米的目标物，一个直径为22～24厘米的瑜伽球。

（6）测试指导语：小朋友们，接下来我们要比一比谁扔得准。我们需要站在这根标记线后，两脚与肩同宽站立，用双手抛球的动作，也就是这样做（示范），将这个球扔到对面墙上的"绿苹果"（直径为40厘米的标志物）上。我们比一比谁砸中"绿苹果"的次数多好不好？接下来请小朋友们看老师示范一下。

（7）测试注意事项：在测试演示时，需要强调双手向上抛球的动作，一定要是从下至上抛球，且如果没有高于地面的标记物，请提醒幼儿脚一定不能超过标记线。请测试者谨记，在本测试项目中，每个幼儿只有6次机会，没有试验。

项目八：稳定性动作技能——走平衡木

（1）测试准备：准备3个长凳（长×宽×高为355厘米×22厘米×24厘米），将长凳放在一片平整的场地上。在长凳上每隔1米用缎带系扎标记，并用显色胶带在起始线和终点线处标记。

（2）测试过程：幼儿需要从起跑线处向终点线处走去，在通过过程中，每遇到一次缎带都需要用双手去触摸1次，直至通过终点线后，记为1次测试。

（3）完成标准：必须能看到受试者流畅地在平衡木上移动。

（4）评价标准：动作表现分：①通过手臂动作辅助保持平衡。②走与摸缎带之间衔接流畅，无长时间停顿。

动作完成分：共测试2次，记录2次完成测试的时间，取成绩最好的一次给动作完成原始分。成绩的计算分两步：第一步将时间换算为等级分，第二步再将等级分换算为量表分，详细请见附表1-1。

附表1-1 走平衡木记分标准

原始秒数折合百分位的临界值	秒数折合等级分	等级分折合量表分
7.8——80百分位 9.0——60百分位 10.8——40百分位 12.7——20百分位	7.8以下：5分 7.81-9.00：4分 9.01-10.8：3分 10.9-12.6：2分 12.7以上：1分	5分—2分 2-4分—1分 1分—0分

（5）测试工具：3个长凳（长×宽×高为355厘米×22厘米×24厘米）、缎带6段、显色胶带1卷（宽约33毫米）。

（6）测试指导语：小朋友们，接下来我们需要闯一个关。看到你们面前的平衡木了吗？我们需要站在起始线后，当听到"走"的口令后，我们需要双手平举在这个平衡木上行走，并且每当我们路过绑在平衡木上的水晶线时，我们都需要用双手去触碰它，直到我们通过最远端的标记线，可以吗？让我们一起来试一下，不过小朋友们一定要记住在平衡木上慢慢走，千万不要掉下来哦，如果掉下来我们就失败啦！

（7）测试注意事项：在第一次测试时，需要提醒幼儿双手摸缎带。并且提醒幼儿越快通过越好，但是千万不要掉下平衡木和漏摸缎带，如若掉下平衡木则为测试失败。

项目九：稳定性动作技能——沿直线走

（1）测试准备：在一片平整的场地上，用显色胶带（宽约为33毫米）贴一根长4.5米的直线。并在起点和终点处横贴一根起始线和终点线做标记。

（2）测试过程：幼儿需要在起始线后准备，双臂平举，踮起脚跟，用脚尖走在直线上，走完4.5米。当幼儿通过终点线后，记为1次测试。

（3）完成标准：记录幼儿踮起脚跟用脚尖踩在直线上的步数。

（4）评价标准：动作表现分：①通过手臂动作辅助保持平衡。②身体没有明显晃动。

动作完成分：记录步数，共测试2次。步数在9步以上（包含9步）记1分，若步数未到9步则记0分。

（5）测试工具：1卷显色的胶带（宽约为30毫米）。

（6）测试指导语：小朋友们，我们接下来要像小天鹅一样在这根线上走。双手平举，踮起脚跟，让你们的脚尖踩在这根线上。然后走完这根线好吗？"小天鹅"们让我们一起试一下吧！

（7）测试注意事项：在测试演示时，需要强调手平举，且踮脚走。如若幼儿的步数非常少则可以提醒他们将脚尖踩在线上。

项目十：测试适用性检验

测试目的：

该测试是检验儿童在测试过程中的愉悦程度，儿童愉悦程度越高，积极参与测试和努力程度最大，测试的稳定性越高，越能反映儿童的实际水平。

（1）测试示意图：

（2）测试准备：准备一张白纸，将笑脸计示意图打印出来。

（3）测试过程：在幼儿完成全部测试后，请儿童进行笑脸计的选择。在简短的解释之后，幼儿被要求用5个笑脸之一的图片来表达自己对刚结束测试的感觉，为了让幼儿充分理解5个笑脸代表的愉悦程度，将"糟糕、不太好、好、相当好、特别好"转换为"不好玩，以后再也不想玩了""有点不好玩""一般""有点好玩""太好玩了，我还想再玩一次"的语言表达。

（4）完成标准：幼儿可以自主选择任一笑脸。

（5）评价标准：记录幼儿选择笑脸的程度。

（6）测试工具：带有笑脸计示意图的纸张，可做成卡片。

（7）测试指导语：小朋友们，我们刚刚是不是玩了9个小游戏呀？接下来，老师这里有5个笑脸，老师想请小朋友们每个人选择一个笑脸。如果你们觉得刚刚的游戏非常好玩，所有的小游戏下次你还想再玩，就选择弧度最大的笑脸，也就是这个（手指）。如果你觉得这个游戏有一点好玩，你只想玩其中的几项，请选择这个笑脸（手指）。如果你觉得刚刚的游戏没有给你很大的感觉，玩到最后没记住什么，请选择这个笑脸（手指）。如果你觉得刚刚的游戏有点不好玩，其中几项你不喜欢，请选择这个笑脸

（手指）。如果你觉得刚刚那些游戏太不好玩，下次再也不想玩了，请选择这个笑脸（手指）。每个小朋友选择一个，请指给老师看哦！

（8）测试注意事项：请测试者注意让幼儿自主选择。

九、场地布置平面图

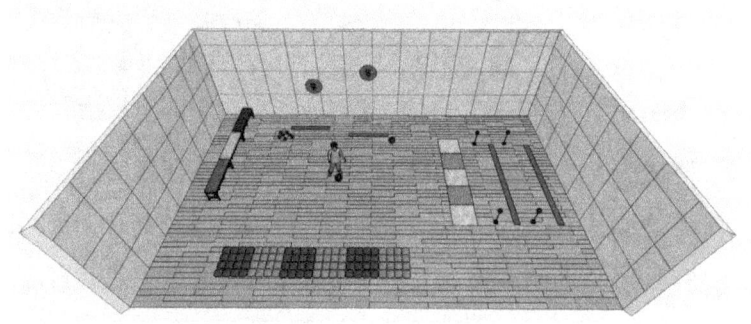

十、所需器材示意图

瑜伽球

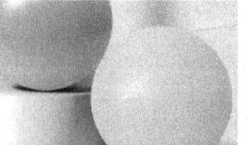

平衡木

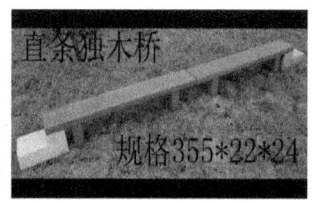

3号篮球

标志桶

（一）金银铜锡牌评价等级

附表1-2 位移技能评价等级

等级	年龄段						
	3.00	3.50	4.00	4.50	5.00	5.50	6.00
金牌	≥12	≥13	≥14	≥15	≥15	≥15	16
银牌	11	12	12–13	12–14	13–14	13–14	13–15
铜牌	9–10	10–11	10–11	10–11	11–12	11–12	12
锡牌	≤8	≤9	≤9	≤9	≤10	≤10	≤11

附表1-3 操控技能评价等级

等级	年龄段						
	3.00	3.50	4.00	4.50	5.00	5.50	6.00
金牌	≥4	≥4	≥10	≥10	≥11	≥11	≥11
银牌	3	3	8–9	8–9	9–10	9–10	10
铜牌	2	2	5–7	5–7	6–8	7–8	8–9
锡牌	1	1	≤4	≤4	≤5	≤6	≤7

附表1-4 稳定性技能评价等级

等级	年龄段						
	3.00	3.50	4.00	4.50	5.00	5.50	6.00
金牌	≥5	≥6	≥7	≥7	≥7	≥7	8
银牌	3–4	4–5	5–6	5 6	6	6	6–7
铜牌	2	3	4	4	5	5	5
锡牌	1	≤2	≤3	≤3	≤4	≤4	≤4

附表1-5 基本动作技能总分评价等级

等级	年龄段						
	3.00	3.50	4.00	4.50	5.00	5.50	6.00
金牌	≥18	≥21	≥30	≥30	≥30	≥31	≥32
银牌	16–17	18–20	24–29	25–29	26–29	27–30	29–31
铜牌	13–15	15–17	21–23	22–24	23–25	24–26	26–28
锡牌	≤12	≤14	≤20	≤20	≤22	≤23	≤25

（二）幼儿基本动作技能年龄量表

附表 1-6　幼儿位移技能年龄量表

测试分数	年龄分数
10.0	3.3
10.5	3.5
11.0	3.9
11.5	4.6
12.0	5.0
12.5	5.8
13.0	6.4

附表 1-7　幼儿操控技能年龄量表

测试分数	年龄
2.00	3.4
3.00	3.7
4.00	4.0
5.00	4.2
6.00	4.4
7.00	4.7
8.00	5.5
9.00	6.2

附表 1-8　幼儿稳定性技能年龄量表

测验分数	年龄
4.00	3.7
4.50	4.0
5.00	4.6
5.50	5.7
6.00	6.3

附表 1-9　幼儿基本动作技能年龄量表

测试分数	年龄
15	3.0
16	3.3
17	3.55
18	3.8
19	4.0
20	4.1
21	4.25
22	4.4
23	4.6
24	4.75
25	5.1
26	5.7
27	6.0
28	6.2

（三）幼儿基本动作技能教育商数

教师根据儿童原始测试得分转化对照年龄量表（附表1-6至附表1-9），得出每个儿童基本动作技能的教育年龄。依据教育年龄与生物年龄的比值，可以计算得出儿童的基本动作技能教育商数。

$$教育商数 = \frac{教育年龄}{实足年} \times 100$$

例如：一名4岁零5个月的儿童，基本动作技能总分为21分，根据附表1-9，21分对应的教育年龄为4.25岁。该幼儿的基本动作技能教育商数为：

$$\frac{4.25}{4.5} \times 100 = 94$$

那么该幼儿的基本动作技能教育商数为94分。

教育商数等第划分：

得分阈值	等第
131 分及以上	基本动作技能发展杰出
116–130 分	基本动作技能发展优异
86–115 分	基本动作技能发展良好
71–85 分	基本动作技能有待发展
70 分及以下	基本动作技能发展迟缓